牛津大學副校長

George Gordon

喬治‧戈登

論人才培育

推理能力、文學素養、品格塑造、人生遠景，英國文學家論大學教育

喬治‧戈登——著

宋孚紅——譯

依完美或殘缺的模子去塑造人生，完全取決於自身，
若能做出聰明的抉擇並忠貞不渝，你將成為一個高尚的人。

目錄

CONTENTS

導言

PREFACE

喬治·戈登（George Stuart Gordon，西元 1881 ～ 1942 年），英國教育家、文學家、牛津大學副校長。戈登先後受教於英國的格拉斯哥大學、牛津大學奧里爾學院。在牛津大學學習期間，1904 年獲古典學系列考試 A 級、1906 年獲人文古典系列會考 A 級、1905 年獲史坦諾普獎。1907 ～ 1915 年任牛津大學莫德林學院學術協會會員。

1913 ～ 1922 年間任里茲大學英語文學教授；1922 ～ 1928 年間任牛津大學默頓英語文學教授、詩歌學教授、牛津大學莫德林學院院長；1938 ～ 1941 年間任牛津大學副校長。他曾是「燙煤人」（Kolbítar）文學社成員，即托爾金[1]組建的冰島詩歌愛好者俱樂部。著名詩人、作家謝拉德·瓦因斯[2]是他的學生。

牛津大學（University of Oxford；非正式：Oxford University）位於英格蘭東南區域牛津郡牛津市。是一所世界聞名的公立研究型書院聯邦制大學。它是英語世界歷史最悠久的大學，也是世上現存第二古老持續辦學的

---

[1] 托爾金（J. R. R. Tolkien，西元 1892 ～ 1973 年），英國作家、詩人、語言學家及大學教授，以創作經典古典奇幻作品《哈比人》、《魔戒》與《精靈寶鑽》而聞名於世。

[2] 謝拉德·瓦因斯（Sherard Vines，西元 1890 ～ 1974 年），英國著名詩人、學者。代表作：詩歌《兩個世界》、《金字塔》；小說《尷尬的幽默：一個現代日本的故事》、《琥珀綠》；非虛構類作品：《英語文學百年》、《喬治時期的諷刺作家》等。

高等教育機構。

　　牛津大學培養眾多社會名人，校友當中包括 28 位英國首相及多國領袖與政治要員，截至 2020 年 10 月，牛津大學的校友、教授及研究人員中，共有 72 位諾貝爾獎得主、3 位菲爾茲獎得主、6 位圖靈獎得主。牛津大學在數學、物理、醫學、法學、商學、文學等多個領域擁有崇高的學術地位及廣泛的影響力，被公認為是當今世界最頂尖的高等教育機構之一。它同時擁有全球最具規模的大學出版社，及全英最大型的大學圖書館系統。雖然牛津大學沒有明確的成立日期，但按照現有的紀錄，其以某種形式教學始於西元 1096 年，並隨著亨利二世禁止英國學生就讀巴黎大學，牛津大學從西元 1167 年開始迅速發展並成型。某些學府的始創日期可能與其相近，如：始創於西元 1150 年的巴黎大學在西元 1160 ～ 1250 年間正式獲官方確立其作為大學的地位，但中間因法國大革命而停辦逾一個世紀（西元 1793 ～ 1896 年），學校的現狀及模式亦與昔日大有不同，故非為持續辦學之大學。西元 1209 年，牛津師生與鎮民的衝突使一些牛津學者另闢蹊徑，他們遷離至東北方的劍橋鎮並成立後來的劍橋大學。這兩所古老的大學在辦學模式、管理架構等各方面都非常相似，兩校同時展開相當悠久的競爭歲月，故常被合稱為「牛劍」。牛津大學由 38 所獨立書院及 4 所學部組成。各個書院為獨立的行政機構並隸屬

於大學。它們有自己的管理架構、收生以及學生活動安排；而學部則負責安排教職員講課及指導研究專案，另負責編制課程及給予學術指引。牛津大學並沒有獨立於城鎮的主校區，大樓和設施散見整個牛津鎮。 大學的大學教育包括書院的每週輔導課程，以及由學部提供的學科課程。上課地點除了書院外，還包括由校方提供的講堂、課室及實驗室。牛津大學同時為兩個著名獎學金計畫的舉辦地：一為於 2001 年設立的克拉倫登獎學金；另一為羅德獎學金。

錄取

與其他英國大學一樣，牛津大學透過 UCAS 系統招生。特別注意的是報考牛津、劍橋及其他大學的醫學、牙醫及獸醫課程的學生，須提早於每年的 10 月 15 日前完成系統登記的手續。另外，為了能有更好的個性化判斷，學生不能同時報考牛津及劍橋（報讀第二個大學課程的申請者例外）。大多的學生都選擇申請其中一所書院，而書院之間也會互相交流，確保符合資格的學生能找到最適合自己的書院，亦不會因為對某一書院的偏好而不獲錄取。優先考慮的原則包括預期的公開考試結果、各類的推薦信以及即時的入學考試（適用於某些學系）及面試的成績。每年大約有 60% 的申請者夠資格獲得優先考慮。若太多獲優先考慮的申請者傾向於同一所

書院，則這些學生會被重新分配至收生不足的書院，相關書院亦會為這些學生安排面試，面試輪候期間，受邀的學生會獲得 3 天的免費食宿。一名學生可獲多所書院安排面試。居住在歐洲以外的學生可透過網路進行面試評核。錄取通知通常在耶誕節前夕、由書院寄出。每年大約有 1/4 獲錄取的學生進入自己沒有申請的書院。某些大學課程採用開放式錄取，允許在 8 月高級程度考試放榜後，重新審視先前未獲任何一所書院錄取的學生。

教學

牛津的大學課程包括每週的書院輔導，及學部提供的各學科課程。大約 1 ～ 4 名學生會被分為一組，每週與由書院提供的導師一起商討學習進度，及所面對的困難。授課形式主要為論文表達（適用於大多數修讀人文及社會科學的學生；亦包括部分數學及物理科學的學生）或解難能力測試（適用於大多數的數理生及部分社會科學學生）。牛津的大學教育每年分為三個學期 —— 米迦勒學期、希拉蕊學期及復活節學期，每個學期為時八週，比其他大多數英國大學的短。大學所有的學系均有提供研究生課程，課程主要由相關學部提供。

PREFACE

獎學金與資助

　　牛津大學提供不同的學生資助及獎學金。牛津大學助學金計畫於 2006 年創立，為所有的大學 3 年大學生提供高達 10,235 英鎊的資助，金額為全英之冠。各書院同時也有不同種類的基金，幫助有需求的學生。牛津亦為多個研究生獎學金計畫的基地，如羅德獎學金、韋登菲爾德獎學金及克拉倫登獎學金。

圖書館及博物館

　　牛津大學擁有全英最大型的大學圖書館系統，系統包含 100 所圖書館，館藏量合計逾 1,100 萬冊，此數字仍在不斷增長。當中的博多利圖書館為法定送存地，亦是全英國第二大的圖書館（僅次於大英圖書館）。這所大學最主要的研究圖書館的建築還包括舊校區的方庭，此方庭是由湯瑪斯‧博多利於西元 1598 年建立，後在西元 1602 年正式啟用。

　　大學於 2000 年正式將博多利與個別的學科圖書館組合成博多利圖書館群，此群組現包含 28 所圖書館（成員包括賽克勒圖書館、社會科學圖書館及拉德克利夫科學圖書館等）。此聯誼亦創立牛津大學圖書館資訊系統（OLIS），及其對外開放的「牛津圖書館線上搜尋系統」（SOLO，內含大學各個圖書館的目錄表）。博多利亦與

Google 在 2004 年間合作，進行大規模的數位化系統更新專案。

　　校方亦於 2010 年在斯溫頓的南馬斯頓創辦一家藏書庫，並計劃重塑將會於 2014 ～ 2015 年以「韋斯頓圖書館」之名開放的新博多利建築物。牛津同時開辦多所藝術及博物館。其中，於西元 1683 年創立的阿須摩林博物館是全英最古老的博物館，亦為全球歷史最悠久的大學博物館。館內有多個藝術及考古學收藏，包括米開朗基羅、達文西、透納（Joseph Mallord William Turner）和畢卡索的作品。大學的自然史博物館在位於公園道的科學區內，採用新哥德式建築風格打造，內藏多個動物學，昆蟲學和地質標本，包括一副霸王龍及三角龍的骸骨，及渡渡鳥的殘骸。毗鄰自然史博物館的，是於西元 1884 年成立的皮特·里弗斯博物館，內展大學的考古和人類學收藏品。自創立以來，館內的教職員都有參與校方的人類學教學工作。大學的科學史博物館則坐落在寬街的一座世上最古老的專門性博物館建築大樓內，內收集約 15,000 個文物。大學各博物藝術館為學生提供多元化的學習環境。

學術出版

　　牛津大學擁有全球規模最大及第二古老的大學出版社，每年出版近六千本新書（包括各種參考、專業工具

書）。著名出版物包括《牛津英語詞典》、《牛津簡明英語詞典》、《牛津世界經典》、《牛津國家人物傳記大辭典》、《全國傳記簡明詞典》等。

排名聲譽

牛津大學於各類的大學排名中均入全球十強,並經常與劍橋大學爭奪「全英最佳」之名譽。其中,牛津更曾 11 度蟬聯由《星期日泰晤士報》發表之〈全英最佳大學指南〉榜首之位。《泰晤士高等教育》的〈世界聲譽排名〉亦是連續五年將其評為「世界六大著名學府」。

第一章
我們要培養什麼樣的人才

第一章　我們要培養什麼樣的人才

處在這樣一個令人焦慮不安的時代，不滿的情緒在滋長，如果這種情緒讓人們相信：偉大而又廣泛的經濟變革和社會變革是必須的，那就會存在這樣一種風險，即人民和國家很有可能倉促的採取行動，在短時間內匆忙制定出一些看上去大有希望的新計畫。之所以會這麼做，就是因為這些計畫都是全新的，能夠作為一種應急方法或權宜之計，人們看重它表面的實用性，因此抓著它不放，但卻忘了一點：所有切實可行的計畫都應該建立在普遍性理論的基礎上。在這種時候，就特別需要人們透過辯論來重申和強化合理的原則。就這些原則與教育的關係來說，出版這本論文集的目的就是為了喚起大眾對這些基本原則的重新考慮。這些原則涉及教育理論的多個領域。充分、清楚的闡述這些原則，那是思想家們的工作，他們具備專門的技能，又有充沛的精力，而我只不過是簡要的針對一些論題進行介紹，這倒是挺適合我這樣的懶散之人的。這本書中的論文的作者都具有豐富的經驗和專門的知識，他們的遠見卓識遠遠的超過了我。而我所做的就是針對目前的教育問題提出一些零散的評論。

具有普遍性的教育問題有很多，其中最大的一個就是如何為全體國民提供基本教育。現在，這個問題已經遠遠不像 50 年前那麼緊迫。西元 1870 年頒布的教育法以及隨後頒布的強制入學條例，已經完成了它們的歷史使命。現在，我們需要的是品質，而不是數量。當然，在某些方面數量也是必須的。孩子們應當在學校裡多讀幾年書，小學畢業後，他們應該繼續接受更高一級的教育。但更主要的是，我們應當改善目前的教

學條件，這當然也意味著，我們要確保教師得到足夠的收入，增加他們的薪酬，提高他們的社會地位，讓他們過上舒適的生活。

接下來的問題，是如何從這個國家的孩子中篩選出才智出眾的幼苗，然後透過適當的訓練，以最大的效率將他們培養成棟梁之才。優秀幼苗的篩選是教育組織和教育機構的事。小學教師也應當參與選拔工作，將最合適的學生送進中等學校。如果這些教師自身的素養夠高，能夠圓滿的完成這些鑑別任務，那麼這個過程就會變得非常容易。那麼應當如何來訓練這些被篩選出來的優秀幼苗呢？這個問題可能會讓我們陷入糾纏不清的爭論中 —— 比如各種不同教學科目的教育價值。因此，我在這裡並不想對這個問題做出任何評述。我衷心的希望，大家能夠深思這樣一個問題：一流的人才對於一個國家、一個民族的重要性。每個國家的國民中都擁有一定比例的優秀人才，他們擁有超群的智力、勤奮的精神以及人格的力量，適合擔任各個領域中行動和思想上的領導者。這部分人所占的比例當然是很小的。但是，有些地方的條件是不利於能力的培養的，那麼我們就把這些不利因素找出來，然後把人才放到有更好成長機會的地方去。如果這樣，優秀人才的比例也許就能夠得到提高，就像是將小樹苗從陰冷乾燥的地方移植到陽光明媚、雨水充沛的地方，那麼小樹苗很快就能長成參天大樹一樣。不過，我想說的並不是那些特別偉大、最具智慧的領袖人物，因為一代人中這樣的人或許只有那麼四、五個，他們要麼能夠做出重大發現，要麼能夠改變思想潮流；我想說的那些人，雖然算不

第一章　我們要培養什麼樣的人才

上是一流的人才，但也很有能力。假如獲得公平的機會，他們的能力和素養同樣可以很快的成長，並獲得與這些能力和素養相當的地位，從而有效的服務社會。這些學生一旦成年，不管是在商業經濟領域，或是政治領域，還是行政管理領域，都會成為這個國家最具活力的族群，不管他們從事什麼職業——也許是需要發揮抽象思維能力的工作，也許是從事文學創作，或是做科學研究，或是做管理工作；30 年後，當他們達到人生最具活力的階段後，他們或許還會累積起相當的財富。我們需要這樣的人，越多越好，不過要想在學生中找到這樣的幼苗，那還是需要花費一番氣力的。

很多思想持續不斷的應用於我們的工作和生活，卻始終無法與我們不斷成長的人口、不斷增加的財富和不斷增強的責任意識保持同步的節奏，無論是在圖書館、研究室、實驗室，或是在工廠廠房、會計室、會議室，都是如此。現在看來，一個偉大的國家面臨的問題會越來越多，越來越複雜，但指導我們的思想卻顯然跟不上形勢。我們這個國家（英國）在緊急情況下會過於依賴我們的能量和勇氣，以及適用的謀略，但是這樣一來為累積知識而做出的努力通常就會被忽視，更不會去考慮如何才能讓知識得到最有效的應用，這一點本應在行動之前和行動之中就應該考慮好的。幸運的是，這一缺陷是可以彌補的，儘管我們想要的——大自然所賜予我們的特質都是不大容易矯正的。一個人不論多麼的精力充沛，他口頭上的「效率」可不是匆忙之間張張嘴就可以湊合過去的。這是忍耐的結果，是對所要處理的論據進行確認和做出思考的結果。

古代的許多哲學家，尤其是柏拉圖 [3] 和亞里斯多德 [4]，他們幾乎一致認為，擁有最優秀頭腦的人應該得到最好的照顧，他們不僅應該掌握領導權，還應該被授予控制權。這種觀念的確有些過分了。他們的理想，實際上也是古希臘大多數思想家的理想，是讓人民像軍人一樣保持勇猛和紀律性，因為這是捍衛國家所需要的，而少數被選中的菁英，則會被培養成為品德高尚、知識淵博的人物。在中世紀，權利和等級屬於貴族和神職人員，教育的理想帶有一種宗教色彩，而且教育受到了極大的重視，因為它的目的是培養人們對於教會和純正教義的忠誠 —— 即使是在未來的世界，也能夠產生一種幸福的憧憬。在我們的時代，教育的理想不僅僅變得庸俗化，也變得物質化了。現代的平等主義已經讓古人的觀點變得不可置信，教育的目標再也不單單是為國家培養少數菁英或者賢明善良之才了。現代人的目光不僅僅鎖定了這個世界，而且還鎖定了這個世界的物質、權勢、領土的獲取、工業生產、商業、金融以及各式各樣的財富和繁華。曾經有一段時間，人們對於知識不太尊重

---

3 柏拉圖（Plato，西元前 429 ～前 347 年），古希臘哲學家，雅典人，他的著作大多以對話錄形式紀錄，並創辦了著名的學院。柏拉圖是蘇格拉底的學生，是亞里斯多德的老師，他們三人被廣泛認為是西方哲學的奠基者，史稱「西方三聖賢」或「希臘三哲」。

4 亞里斯多德（Aristotle，西元前 384 ～前 322 年），古希臘哲學家，柏拉圖的學生、亞歷山大大帝的老師。他的著作牽涉許多學科，包括了物理學、形而上學、詩歌（包括戲劇）、音樂、生物學、經濟學、動物學、邏輯學、政治、政府、以及倫理學。和柏拉圖、蘇格拉底（柏拉圖的老師）一起被譽為西方哲學的奠基者。亞里斯多德的著作是西方哲學的第一個廣泛系統，包含道德、美學、邏輯和科學、政治和形而上學。

第一章　我們要培養什麼樣的人才

　　—— 這種狀況在中世紀變得尤其嚴重，並一直持續到了 18 世紀。在某些國家，比如我們的國家，有人預想，教育和培訓所獲得的成就遠遠低於古人的標準。然而，在我們這個時代，我們已經見到了兩個突出的例子，這足以說明他們的預想並不太準確。想想吧，在漫長的幾百年裡，某些理想和行為準則的影響力持續不斷的受到日本人的擁護，從而促使他們全力的向國民灌輸一種忠誠於君主的情感，激發人們的「武士道」精神[5]；而在歐洲，即使是在君主政體和騎士制度最為鼎盛的時期，也沒有達到這種程度；想想吧，德國人僅用了短短兩代人的時間就讓為國奉獻的精神變得深入人心，成為一種無窮的、無所不能的、令人神魂顛倒的力量，甚至成功的取代了道德，抑制了個人行為。至少在第二個例子中，我們似乎可以認為，不停的

5　「武士道」精神（Bushido），日本封建社會中武士階層的道德規範以及哲學。如同歐洲中世紀出現的騎士精神，武士道是基於一些美德如義、勇、仁、禮、誠、名譽、忠義、克己。只有透過履行這些美德，一個武士才能夠保持其榮譽，喪失了榮譽的武士不得不進行切腹自殺。新渡戶稻造認為，對武士來說，最重要的是背負責任和完成責任，死亡不過是盡責任的一種方法而已，倒在其次。如果沒有完成責任所規定的事務，簡直比死還可怕。認為切腹是武士唯一謝罪的方法的觀點是錯誤的。浪人指的是武士畏罪逃亡或效忠的君主或國家滅亡卻不隨之而亡的人。西元 1869 年，明治政府透過版籍奉還廢除幕府時的身分制度，宣布四民平等，廢除封建俸祿，武士階層解體。西元 1871 年制定戶籍法為廢除等級制著手簡化階層成分，宮廷貴族和大名被指定為華族，武士被指定為士族或卒族，其餘者劃為平民。明治維新後，武士階層占據了新政府和地方行政的大部分官職。武士和武士制度雖然消亡，但是武士精神作為一種思想典範和日本美的符號深深植根於國民性格之中，化為縱貫列島的「國風」，並對後來日本的政治、軍事和社會生活產生了舉足輕重的影響。天皇制、日本神道、武士道三位一體，構成了日本政治文化傳統的基本要素。

鼓吹和傳授某種理論，是努力發展教育的一種錯誤的結果，因為這種理論不僅使國民的道德觀念元氣大傷，同時也降低了國民的獨立性和個性。但是教育至少在其中展現出了自己的力量。

至於被我們稱為擁有最優秀頭腦的人，如果我們所探尋的目標有三個的話，那麼此時此刻，我們或許可以為自己設定一個教育的理想。但是，我們真的能找到一個公正的理由，進而充分陳述這樣的教育理想嗎？

第一個目標，是培養科學領域與學術界的領軍人物，就算他們不能成為發現者，也要成為探索者。

第二個目標，是培養社會活動的領袖人物，我們不僅要看他們是否擁有進取、勤奮的精神，而且還要看他們是否具備這樣一種能力 —— 不論做什麼樣的工作，都能夠習慣性的將自己的思想意識和知識完完全全的應用其中。

第三個目標，是培養人們的品味和欣賞習慣，使人們能夠在學習知識的過程中享受樂趣。

許多道德家或倫理學者，無論是古人還是現代人，都給了「享樂」一個壞名聲，因為他們看到，最誘惑人的、對任何人都有極強吸引力的享樂主義思想往往會讓人變得過度放縱，是一切罪惡的源頭。可是，人們需要擁有樂趣，也應該得到樂趣。引導人們擺脫比較危險的享樂思想的最好辦法，就是教育他們學會享受更好、更高階的樂趣。此外，知識分子那種比較平靜的樂趣能夠為他們帶來安寧，這是持續工作的人所需要的一種良好的健康狀態。

第一章　我們要培養什麼樣的人才

　　遺憾的是，相當多的可以提供樂趣的泉源被人們忽視了，或者沒能得到應有的評價。如果說我們一直遵循的教育思想有什麼失誤，那麼一部分原因也許就在這裡。假如古典語言的捍衛者們更多的強調他們所提供的樂趣，而對一些他們所認為的實用性卻較少提及，那麼某些學習的形式或許早就得到了更好的發展。提倡學習希臘語和拉丁語的人已經詳細敘述了用語法進行智力訓練的價值所在，並爭辯道，培養一種好的英國風格，最好的辦法就是了解古代的語言，但是很多反面的例子卻對這種看法表示懷疑。事實證明，確實是因為過分強調語法這些細枝末節才造成了學生們的反感和牴觸，這不由讓人想起一句名言：「如果學生不喜歡學，那麼不論用什麼方法教，不論教什麼，都沒有什麼意義。」拋開所有學生都應該學習古典語言這一觀念不談，我們最好深思一下古代智慧結晶和古代詩歌中的精美篇章所帶給我們的無窮無盡的樂趣，這些樂趣正是源自我們大腦的想像力和我們的文學品味，而這些東西很容易被記住，因為它使用的不是我們的語言。當然，現代文學裡也有許多作品，真的，這些作品與古代優秀文學作品一樣高尚，一樣完美，可供我們閱讀和欣賞。但是，古代文學和現代文學並不相同。古代詩人擁有春天一般的清新和芳香。

　　也許我們還可以再舉一個不同類型的例子。就拿大自然慷慨展現在我們面前的美景來說吧，山川河流和叢林怪石，鮮花和鳥鳴，變幻無常的雲彩，陽光和月色下的田野風光，所有這些無不讓我們產生一種愉悅的美感。可是在那麼多國家裡，又有多少人能夠注意並懂得欣賞這樣的美呢 —— 畢竟不同的人

們在這方面會有不同的感受。的確，每個人都看到了這些景色，但是注意到並且能夠從所見所聞中獲得樂趣的人太少了。這難道不是它們很大程度上沒有喚起人們的關注的緣故嗎？人們沒有學會去認真的體察自然萬物，也就無從發現自然萬物的多姿多采。本身就不喜歡美術的人，即使你把他們帶到美術館，引導他們觀看優秀的作品，並告訴他們那些畫作的美妙之處，通常他們所感興趣的地方還是畫作的主題，想讓他們形成自己的藝術品味是不太可能的。他們喜歡看那些以野外狩獵，或是戰鬥場景，或是職業拳擊賽為主題的作品，甚至是以一位母親照看生病的孩子為主題的作品，都能夠對他們產生一種強大的感染力和吸引力。但是，除了主題，他們很少能夠從一幅畫中看出其他什麼東西來，他們對畫作中展現出來的想像力並不感興趣，哪怕是其中那些富有想像力的成分 —— 色彩、光與影，他們也不喜歡，實際上，他們只喜歡對實物的精確模仿和描摹。所以從本質上講，只有特別的景象，例如艾爾薩岩神奇的岩石或懷特島周圍的白堊，或者月食，或是血色的落日，才能打動一般的人；無論是宏偉的美還是靜寂的美，他們都沒有注意到，因為眼前的風景並不能讓他們感到快樂。喜愛所有這些美的能力也許是不可或缺的。我們有理由認為，大多數孩子都是擁有這樣的能力的，因為我們在引導他們如何去觀察身邊的事物時，他們通常都會做出相應的反應。例如，他們能很快的察覺出一種花與另一種花的不同之處，即使是在很小的時候 —— 他們也能很快就可以認知到每個人的特徵和名字；在大街小巷行走時，他們能夠享受認識道路的愉悅，而且，每一

第一章　我們要培養什麼樣的人才

個聰明的孩子實際上都很喜歡鍛鍊自己的觀察能力。我們的城市人口以不成比例的速度增長著，這也是一件令人遺憾的事情，毫無疑問，這讓學生們更難獲得熟悉的自然知識，但是前往鄉間田野的便利交通和愉快的暑假假期的延長，也讓我們比以往學習自然有了更為便利的條件；然而無論安排得多麼妥當，這都只是一種消遣，而不是課程。這就好像有人喜歡藝術，有人喜歡旅遊，卻不知道令人渴望一輩子都擁有的快樂的泉源在哪裡，或者與其他的興趣相比，找不到更適合自己的樂趣。出於其他目的而警覺的進行觀察，這種習慣的價值我不想多說什麼，在這裡，我所堅持的，只是希望孩子們養成很好的觀察習慣，並能夠從中獲得樂趣。

經常有人下這樣的斷言：與歐洲大多數國家的孩子相比，英國的男孩和女孩從心理上所表現出來的好奇心以及對知識的渴求都不那麼強烈，甚至還不如英國北部和西部比較小的三個國家的孩子，在那裡，凱爾特人的成分比英國南部還要突出。從馬修·阿諾德（Matthew Arnold）時期開始，就不斷的有人指責英國的上層等級和中產階級。阿諾德宣稱，英國的中上層社會並不怎麼關心「頭腦裡的東西」，對於自然科學、文學和藝術等方面所獲得的卓越成果也沒有表現出應有的尊敬。在其他國家，也有類似的情況，例如法國、德國或義大利（也許還可以加上美國）；在此基礎上，他解釋了中上階層在教育進步方面貧乏的興趣。

假如後一種指責有很好的依據，那麼所顯示的真實情況往往能夠證實一件事，那就是以前的弊病還會長期存在下去，因

為家長對學校和孩子都比較冷漠。對知識的熱愛本來是一件很自然的事情，一般的孩子在很小的時候就擁有了這樣的意識，所以儘管英國的孩子求知欲望不像法國或者蘇格蘭的孩子那麼強烈，我們也要相信，我們的缺陷在很大程度上應該歸咎於那些錯誤的、沒有激勵作用的教學方法，而且，或許我們可以相信，如果這些教學方法得到改善，那麼這些缺陷就會減少。

假如這是真的 —— 英國的人民通常會用一種不熱心的態度來評價教育的價值，對教育的興趣不大，那麼戰爭的嚴肅紀律在消除這種冷漠態度上將會發揮作用。戰爭的一連串後果會造成的國家相對貧困，並且使人們逐漸減少放縱的習慣，再加上人們覺得必須致力於全面的利用國家的智力資源，這樣才能保持自己的國家在世界上的地位。人們期待著這些事情能夠引發更好的變化，引導家長們更多的儲備孩子的學業成就，而不是過分看重自己的孩子在體育運動中獲得的成績。

假如是這樣，那麼就不會有人否認，為了向那些工業部門傳播科學的價值觀，我們需要做的事情仍然還有很多，因為在工業方面（尤其是農業方面），科學始終沒有得到完全的應用；因此我們必須加強和發展科學理論的教育，作為技術工作和實際科學工作的基礎，尤其是應當以最大的尺度來為學生裝備知識，透過最富有刺激性的訓練來培養一些人 —— 大自然已經賦予了這些人最具活力、最靈活的頭腦。現在我們看到，很多大型企業、工業和金融業的高階管理者們都在設法尋找不同類型大學的畢業生，然後安排他們在各式各樣的職位上擔任負責人 —— 這樣的事情在五十年前是絕對不會發生的，因為現

第一章　我們要培養什麼樣的人才

代企業的情況已經變得非常複雜，只有訓練有素、頭腦清楚的人才能勝任管理工作。許多行政管理部門也有著同樣的需求，國家及其政府的官員也在以不斷增長的數量大力吸收這樣的人才。

假如我們能夠從這些方面感受到國家的經濟生活，難道我們就不能從中感受到當今世界的國際生活？我們的時代充滿了壓力和競爭，只有那些承認知識和思想價值、懂得如何運用平時累積起來的經驗的國家，才會擁有未來。從長遠的角度來看，征服世界靠的正是知識和智慧 —— 不僅僅是知識，更重要的是知識的運用；以寬闊的視野和富有同情的理解來對待人類，對待其他國家，這才是一個政治家應有的風範。

第二章
全面與完整的教育

第二章　全面與完整的教育

　　一個心智沒有得到全面發展的人實際上並非一個正常人。若一個人沒有接受廣泛與自由的教育，就很難真正將自身的潛能發掘出來。一位主教曾說過，要是自己的兒子日後選擇做一位鐵匠的話，他仍會讓兒子去上大學。

　　我以為，關於接受教育能讓我們賺多少錢的問題，不應該成為左右我們是否選擇上大學的因素。這只是一個個人自我發展的問題而已，正如一顆橡實可以選擇成為一棵矮小的樹木或是長成參天大樹。在金錢利益的驅使下，許多年輕人都早早的遠離了學校，在自己壓根沒有接受什麼教育的情況下就進入商店或是辦公室裡工作，這種做法嚴重的阻礙了他們發揮自身的才智。許多富有或是有名望的人都願意放棄自己一半的財富，要是他們能夠回到童年，直到接受大學教育為止。紐約的一位百萬富翁告訴我，他願意將自己一半的財富用於換取一個中等水準的教育。他說在很小的時候就被迫開始工作了，沒有機會去上學。缺乏知識這種傷痛永遠的伴隨著他的人生。

　　接受教育是否真的值得？讓一朵花蕾逐漸成長，散發芬芳，綻放美麗，讓這個世界充滿美感，這樣一個艱辛的培育過程是否值得呢？正如我們讓年輕學生接受自由的教育是否值得一樣。但是，當生命中存在一個更大的可能性時，萎縮的生命之花就是一種極大的浪費。我們每個人面對的最大的問題，就是如何讓自己的生命成為一種榮耀，而不是一種無奈的存在──這就是一個如何讓負累充滿神性的工作。

　　某個大城市的成功律師在談到自己的孩子時說道：「每天晚上，我躺在床上，生怕自己逝去之後只能給自己的女兒留下

一個銀行帳本。」這位律師意識到，在這個世界上還有一些東西要比財富本身更為重要，要是自己死後只剩下財富，什麼都沒留下的話，這些金錢將遲早會消散。自己的女兒可能會過上快樂的生活，但是她本人沒有獲得足夠的知識去應付人生帶來的挑戰。他覺得，心靈一定要擺脫無知的桎梏，讓他的兒女們要有成為世界公民的意識。

要是我們只是單純的將接受某份工作視為賺錢的一條門路，而沒有看到工作本身對我們性格的發展，以及讓我們獲得豐富的人生體驗，使自身不斷成熟的能力的話，那麼這種認知是極為膚淺與低等的。要是我們只是站在純粹的商業角度上，接受大學教育的這種觀念可能就一文不值。

查爾斯·達德利·沃納[6]說：「成功之人，基本上都是那些能抓住機遇、充分發揮自身潛能的人。我們每個人都有責任將自身的才華推向極致，在我們的能力範圍內做到最好。我相信每個風華正茂的年輕人都應該接受大學教育，這樣才能更好的實現人生理想。相比起沒有接受教育，當他完成大學教育時，將能夠更好的在這個社會上立足，更好的發揮自身才華。我覺得，真正敢說自己已將潛能發揮得淋漓盡致的人，是鳳毛麟角的。但我們時常可以見到一些『天才』在日復一日的憫然著。光有天賦還不夠，只有接受更好的教育，將自身才華最大化的人才是最終的勝者。」

在康乃爾大學的大門上豎立著校長安德魯·懷特（Andrew

6　查爾斯·達德利·沃納（Charles Dudley Warner，西元 1829 ～ 1900 年），美國隨筆作家、小說家。

Dickson White）的名言：

> 今汝入校，定要學有所成，才學淵博；今汝離校，應為國
> 家棟梁，造福人類。

在大學裡，學生們是自己的主人，而不是像在補習學校那
樣，身不由己。在大學裡，學生們開始規劃自己的人生目標，
為了未來的理想而奮鬥。對於一個年輕人來說，這是邁入成熟
的一道門檻。

他可能在與同學們的交流中不斷的學習，透過不斷的思維
賽局而自我提升。大學生活是多姿多采的，其實就是大千世界
的一個縮影。大學裡有各個班級，選舉職員，與其他班級的關
係，文學圈子還有大學聯誼會，宿舍的生活，辯論聯盟。體育
競技與比賽，以及工作與娛樂之間的轉化，這讓每個進入大學
校園的學生都能獲得知識，發展自己的個性。他會遇到全新的
老師與同學，也為日後牢固的友誼打下了堅固的基礎。

在學校或是大學裡與同學們一道接受教育，這要比自己獨
自一人拿著同樣的教科書與上相同的課程效果更為明顯，不論
此人多麼具有恆心。大凡試過這樣學習方式的人都會知道，有
時一人默默學習的那種感覺是多麼讓人感到沮喪。當然，自學
也是可以實現的，但這要比在教學裡大家一起交流時困難得
多。大學的氛圍賜給我們不斷向前的動力，使我們在競爭中不
斷成長。

對於一個勤奮認真的學生而言，課堂上的唇槍舌戰，教授
與學生們智慧上的交流，以及教學相長的方式，都是讓人的心

智「大開眼界」的。

　　查爾斯・思溫[7]校長說：「大學教育其實代表著一種能量的投資。每個學生將自身的精力投入進去，然後又能獲得相應的回報。因為，教育本身就是不斷的創造與增加人的能量的過程。」當然，教育讓我們提升了現代社會所亟需的兩樣東西──一是思想的能力；二是意志的能力。知識的力量就好比穀倉的容量，能夠收集或是容納許多農田豐收的穀物。思想的能力就好比一盤石磨，將穀物碾成麵粉，為人享用。思想的能力其實就是觀察、預見、理智、判斷與推理等能力。這些能力都是大學理應教會學生的。語言給人一種辨別能力，科學則給人一種觀察能力，分析學則帶來了綜合法，數學就是分析與綜合的兩種能力的交匯──讓思想的各個分子不斷的離散與聚合。歷史學給人一種全面之感，哲學帶給人的則是自我飽滿與自我發現的能力。在某個意義上，這些分類並不準確。但是在4年大學生涯裡，這些學習會讓我們成為思想者。當他剛踏入大學時，所知道的知識寥寥無幾，想的東西也很荒蕪。當他4年之後，離開大學時，雖然他的知識仍然有限，但卻獲得了一種思考的能力。而這種思考的能力正是我們每個人都極為需要的。我們可以問問美國最大型的企業的老闆們，看看他們最想獲得什麼或是想學到什麼，你就會發現，他們所想要的，並不是從那些前來應徵的求職者身上學到的。他們的回答基本上都是一種會思考的能力。他們之前已經對於人事的掌控與管理到

7　查爾斯・思溫（Charles F. Thwing，西元 1853 ～ 1937 年），美國牧師、教育家。

了遊刃有餘的地步。在大學期間，他們在與學生們的交流中，特別是透過自己的興趣或是為各種社團所做的工作 —— 諸如體育、社交、學術類等活動 —— 這些都讓他們成為了管理者與執行者。我的一位朋友現在是猶他州煤礦的經理，年薪 2 萬美元，他最近跟我說：「在哈佛大學的 4 年中，老師們給了我許多幫助，但是足球隊使我受益更多。」對他來說，獎學金是一回事，執行能力則顯得更為重要。能以清晰、宏大與真實的角度去思考的能力以及迅速與堅決的執行能力，還有自身所接受的知識教育，這些才是個人將精力投資大學教育所能收穫的最高形式。

　　一位校長說：「相比任何家庭教育或商業經驗，大學教育為人們日後的生活實現更為宏大的理想鋪好了道路，這點是毋庸置疑的。這為人們帶來更寬廣的視野，看到事物內部複雜的一些關聯 —— 明白萬物都處於無限的連結之中，誰也別想超脫於此。」

　　「這個世界任何活得**轟轟**烈烈或造福於民的人，都會讓自己所處的那個時代烙下自己深深的印記。」塞斯·洛[8] 說，「如果我們能免於從過去找尋理想的這個錯誤的話，那麼，我們同樣不能犯下低估過去所具有的歷史意義。美國人民在閱讀關於制定憲法的歷史時，就會發現，當時就是否建立一個民主國家是眾說紛紜的。從中，我們也可以窺視到，貌似隱藏在歲月塵埃中飽含的深刻教訓是多麼深刻，而我們的建國者們則是多麼的睿智啊！他們毅然決然的選擇了民主。他們這一群人，並非

8　塞斯·洛（Seth Low，西元 1850 ～ 1916 年），美國教育家、政治家。

以一個個體存在，能將過往的智慧與對當今時代潮流的準確判斷融合起來，實現了兩者完美的結合。我以為，一位接受過大學教育的人必然會對歷史有所了解，對歷史的教訓懷有某種敬畏感，這在某種意義上也算是另一種自我訓練的方式。大學教育應讓學生在歷史經驗上，獲得一種審視現實的視角。大學教育應透過他們不斷鍛鍊與自律來強化心智，擴大自己的視野，讓自己盡可能的多了解一點知識。」

　　世界上最優秀的文學作品、最傑出的思想以及人類的最高尚的行為，這些多是推動著人類全方位不斷發展的重要動機。大學也應讓學生們獲得這種動機，那將是一筆無價之寶。

　　「大學的一個顯著特點，就是培養那些上大學的人發展一種思考的能力。」耶魯大學校長德懷特（Timothy Dwight）說，「大學在接納這些學生時，就當他們的心智正處於一個逐步邁向成熟的階段，一個從少年向成年人演進的過程，在度過了之前一段懵懂的歲月之後，他開始將自己視為一個具有自我思想的人。就這個角度而言，大學 4 年會讓學生突飛猛進。心靈自律的可能性是很具彈性的。要真能實現這些目標，那真是太棒了。年輕人就是要成為具有思想的人。隨著年齡的增長，應成為思想逐步開放的人，智慧將更能一展身手。無論在什麼地方，他們都能輕易的將自身的能力自如的發揮出來。心智建構應是大學所要考慮的。大學的一個目標就是讓這些年輕人在結束大學生涯時，心智已然成熟，這不是說他們再也不需要改變或是發展了。而是在日後的歲月裡，為了更好的學習而打下扎實的基礎。所謂大學教育，就是不斷建構學生思想的過程。」

第二章　全面與完整的教育

　　對年輕人而言，要想在大學的教育中得到良好的鍛鍊，就必須有強烈的求知欲，有一種熱情，讓自己不斷擺脫無知的車轍所軋下的狹窄痕跡，而與在文學、藝術等領域偉大的心靈展開對話，了解自然的真理，感受科學觸摸神性的能量，讓心靈放飛於廣袤的宇宙之中，讓永遠年輕的泉源滿足這顆飢渴的心。

　　撇開其他一些功利的原因不談，大學教育讓我們的人生獲得歡樂與幸福。大凡上過大學的人，都難以忘懷大學莘莘學子的美好歲月。大學 4 年的時光是人生中其他的某個 4 年所不能比擬的。那時，學生們在自己的雄心壯志與高遠的理想還沒被現實的失望所擊碎或是湮沒，對人性的美好還沒被虛偽的誓言所戳穿時，彼此之間的交流是那麼有趣與開懷，大有指點江山的氣概。這段光陰是人生中綻放的時間，此時，想像力處於人生的最高峰，希望燃著熊熊烈火，美好的未來似乎已經裝點得五顏六色。也許，大學帶給我們最大的樂趣，在於感覺自己一種不斷去觸摸未知世界的能力在逐漸增強時的那種滿足感。大學時期的同窗友誼足以彌補所有金錢上的花費。除此之外，我們還能學到如何處理人與事的關係，克服眼前的障礙，成為生活的勝者，按照規律，讓大自然為我們服務。那麼，誰能低估大學教育的價值呢？

　　我們在談到大學教育時，將其視為一種資金、時間與能量的投資。一位明智的老師曾這樣說：「學生們自己做出這種投資，他們也能從中獲得收益。但是，大學畢業時的那個自己，已經和 4 年前的他不一樣了。他的這個自我變得更為高尚、宏

大，讓自己的心智、意志以及良心都處於和諧的狀態。在成就前，再接再厲；在困難時，堅忍不拔；在勝利時，居安思危。他會時刻想著如何最大的發揮自身的潛能，更加堅定了對推廣公正與真理的事業的追求。對每個人而言，這就是大學所代表的一種真實的自我性。很多時候，大學培養出的畢業生，往往人格低劣，成為社會渣滓。但對於多數人而言，大學有點像一位『母親』，不僅賦予了我們生命，更讓生命充滿了意義，給予我們不斷的滋養，讓我們去追求永恆。無論美國大學的教育制度如何變化，大學始終都應該是一所培養人如何生活得更加充實與飽滿的機構。大學讓我們的生活更為豐富，深化我們對真理的視角，讓我們的目標更為高尚，讓我們更加堅持正確的抉擇，滌蕩遮蔽理想的迷霧，讓愛美的心盡情放逐。」

人從一個自我到另一個自我的轉變過程，可由拉斯金（Ruskin）的闡述得以說明。他說：「教育並不意味著讓他們知道之前不知道的東西，而是要他們以一種全新的方式去待人處世。」飽受教育的心靈在「一條隨著時間流逝而不斷拓寬與深化的隧道裡自由的移動著。當他增加了一些知識時，在一定程度上，他就不是之前的那個他了。他就可不斷的完善自我，這樣也增加了自己享受幸福的能力。」

一位教授說：「只限於知識本身的教育是十分貧瘠與缺乏營養的。我們真正所需要的，並不是一些些乾巴巴的事實或是資料，而是勇氣、誠實、力量、強烈的幽默感以及正義感。這個時代更為重要的，是建立起學生的品格，將他們心靈中一些扭曲的片段或是殘餘掃蕩乾淨，讓其篤信一點，那就是正確

為人是極為高尚的，而錯誤做人則是極為卑劣的。這個世界上最閃耀的成功，並非是石磨的發明、鐵軌的鋪就或是煤礦的挖掘，也不是財富的累積，而是成熟男女們全面而均衡的思想。（語出查爾斯‧金斯萊 Charles Kingsley）這就要求我們要打造完美的人格。

埃布拉姆‧休伊特[9]說：「如果讓我在金錢堆與大學時光的樂趣以及接受教育之後所帶來的智趣兩者之間做出選擇，我會毫不猶豫的選擇後者。擁有了教育，你可以賺錢，但是有了錢，卻買不來教育。」

「自由教育真是無價之寶啊！」麥克金利（McGinley）校長在舊金山市的一篇演講中這樣感嘆道：「這種教育本身就是寶貴的賜予，不受歲月風霜的侵襲，隨著不斷的利用，其價值逐漸增加。只有真正接受過這種教育的人，才能真正的加以運用。他本人就可彰顯其中的價值與其所帶來的獎賞。我們只有透過自身不斷的努力才能獲得這種教育，只有在不斷的堅忍與自我克制下才能真正領悟其中的真髓。但是，這種教育就好像我們呼吸的空氣一樣，輕鬆自如。這種教育是不分種族、國籍以及性別的，而是對所有人都敞開大門的。從最廣泛的意義來說，它具有包容性，而不是排外性。每個真正有志於大學且勇於為此奮鬥的人，都有機會去觸摸這種教育理想。在追求知識的道路上，富人與窮人都是平等的，是一對友好的對手。他們都必須為此做出一定的犧牲，這是必須的。通往這種教育的道

9　阿布拉姆‧休伊特（Abram S. Hewitt，西元 1822 ～ 1903 年），美國教育家、鋼鐵製造商。

路不能充斥名利與地位的誘惑，而是需要努力與認真的學習。
當我們以美德、道德以及高尚的目標作伴時，不論對於男女，
自由教育將是他們所能獲得的最大恩賜與獎賞。

第三章
知識的現實力量

第三章　知識的現實力量

　　飽受教育的人能做許多沒有接受教育的人所做不了的事情。教育能讓我們變得舉止優雅，心理特質更加強韌、才華得到更大的發掘。有時，人們的確會有這樣的感想，即教育與我們的智慧是息息相關的。

　　放眼於全球，這都是適用的。英國的工業化成就在全世界都是獨占鰲頭的，這種優勢在很大程度上取決於他們在培養年輕人時所採用的科學與實用的方法，讓他們為未來履行人生的職責打下基礎。

　　當德國在製造商品出口，準備要與英國一決高下時，他們的做法就是重整低級別的學校，在教育領域中投入更多的金錢，以更為先進的管理理想去執行，讓國民都能獲得良好的教育。日後的歷史走向，證明了德國人這種方法是正確的。

　　適用於一個國家的道理，同樣適用於個人。一位作家曾這樣建議那些只能靠手工勞動來維持生活的人：「教育能夠拓寬我們的視野，讓人們能更加清楚地認知到自己當前所處的環境，讓我們學會自我獨立與堅忍不拔的決心，不斷的尋求自我完善。更為重要的是，教育讓我們找尋一條最為明智的方法去實現這些目標。」

　　教育真的能讓我們在生活中獲得成功嗎？已過世的前教授帕卡德（Packard）是一所著名商校的創辦者。他曾這樣說：「一般而言，自我不斷完善的人都是那些成功之人。至少，這在商界內是如此。受教育的人總是站在潮流的前面。他們總能獲得最大的一份獎賞，這不僅限於政治或是專業領域，而且在辦公室或財務室裡，也是如此。在一些大型銀行、保險公司、運輸

交通業與製造工廠裡，他們占據上層位置的比例超出人們的想像。才華與知識在每個工業部門都是亟需的。飽經磨練的心智成熟的雙手必將能找到自己施展的舞臺，獲得最高的報酬。」

《賺錢者》雜誌曾有過這樣一段話：「當年那些認為知識已經沒用的人，卻發現今時今日在工程製造方面的各個部門享受著優渥薪水的人，都是飽受教育的。一家企業招聘技術人員與高階機械師，仍然還有許多缺口有待填補。這種情況可謂是屢見不鮮。一個真正有才幹的人是不會找不到工作的。這種情況將會持續下去，幾乎很少有應徵者會失望而歸。這對那些想要獨當一面的年輕人來說，是一種積極的信號。因為這個時代對素養的要求在不斷的增長。所以，當今時代不僅為上進與聰明的年輕人、富有創意以及設計天賦的人提供了廣闊的舞臺，更為重要的是，這個舞臺在不斷的擴展，前景一片光明。」

對那些智力平平、不甚聰明或是缺乏刻苦精神的人們，《賺錢者》的編輯認為他們並不能享受到這個逐漸延伸的舞臺。其實，生活的召喚總是讓每個人都能或多或少的受益。至於我們的賺錢能力，只要我們能養成不斷學習的習慣與掌握身處高位所需要的知識時，這就不成問題了。

在紐約，一家年淨利潤為 1.5～2 萬美元的企業，可謂收益不錯。但是，這家企業的一個合夥人，他擁有著常人所不具備的眼光，認為要是自己能夠掌握一些相關的技術知識的話，那麼，企業的規模將會更為龐大。他讓其他合夥人負責公司的業務，他毅然去德國上大學。在接下來的 4 年大學裡，他每天都要把 16 個小時投入到勤奮的學習當中，因為他的眼前只有

第三章 知識的現實力量

一個目標。數年之後，他當初的宏偉目標實現了。他成為了這個領域中的權威，現在企業的收益是當時的 10 倍以上。

教育的首要目標就是帶來一種能力 —— 一種更好的處理人事的能力，在生活中讓自己更能做到高效。真正的教育讓人增強抓住、掌握以及利用事物本質的能力 —— 特別是利用的能力。解決實際問題的實做能力，解開困擾人的問題，這些都是對我們能力的一種考驗。其實，你知道多少書本上的內容，你的腦海中裝載著多少理論知識，這些都不那麼重要。如果你不能隨時運用自身的知識，然後集中力量去解決一些問題，那麼，你就是一個紙上談兵之人，也很難獲得成功。我們必須要讓自己掌握的知識實用化，這樣才可能在生活中找尋成功的道路上有所斬獲。

邁諾特・薩維奇 [10] 說：「一個接受全面教育的人，在感知能力與分析能力上不斷獲得磨練 —— 讓他的各方面能力都有所提升。讓這樣一個人身處逆境，他也能看到自己所處的位置，清楚在這個環境下，自己需要做些什麼，決心戰勝困難，而不是成為其犧牲品。無論一個人在哪裡，只要給他一點時間，他就能控制自己，然後對環境有所掌握。這樣的人就是一個飽受教育的人。一個受制於環境與條件的人，沒有實用的能力去自我掌控，即使他懂得很多，他仍稱不上一個受過教育的人。不實用的知識，這並非教育的本義。實用的知識，認真的生活，對自身能力有清晰的認知，將自身的潛能充分發掘出來，這些

---

10 邁諾特・薩維奇（Minot J. Savage，西元 1841 ～ 1918 年），美國唯一神論
　牧師、作家。

才構成了真正的教育。」

這個時代要比以往所有的年代更加亟需具有實做知識、具有常識以及實踐精神的人。常識是一個時代的智慧所在。在一個追求速度與講求實效的年代裡，人們往往會拋棄那些所謂的理論或是理論家。現在，我們到處都能聽到對實做之人的呼喚，而不需要那些總是將事情複雜化或是哲學化的人。這個世紀帶給每個人的一個拷問點，就是「你能夠做什麼」，而不是「你是誰」與「你在哪裡上大學」──而是「你有什麼實做知識呢」。

知識並不等同於智慧，旺盛的能量也不能取代常識。知識必須轉化成一種能力。科爾頓（Colton）說：「我們寧願不經學習獲得智慧，也不要空有一肚子詩書，而沒有智慧。」

最近一段時間，關於在大學教育應在何種程度上將知識本身轉化為能力的討論方興未艾。而更為功利的年輕人則會這樣發問：「上大學是否真的值得呢？」

要回答這個問題，我們首先要做一個調查。我們人口中92%的人都是可以透過手工勞動來養活自己的，只有8%的人進入了商界或是其他的專業領域。如果你是屬於那92%的人，如果你有能力接受初級教育，那麼，你有很多途徑去接受更多教育，但他們卻幾乎都不願意去接受大學教育。但若你是屬於那8%的範疇，你就會認為上大學是值得的，可以獲得很高階的技術培訓。在當代，許多大學都與一些技術學校有很多相似之處。

許多人在沒有接受高等教育的情況下，仍能賺大錢。在他

們這些人眼中，上完了中小學，也就夠了。他們還認為，當年輕人去上大學或是進入一些預備學校學習的年齡，正是他們在商界的實戰中獲得能力與經驗的時候。

讓這群只會賺錢的人叫囂吧！他們金錢上的成功絕非是最高級的成功形式。

對於那些想讓自身潛能得到最大發揮的人，對於那些希冀著成功喜悅的人，他們擁有著一個富於價值的人生理想，他們想透過教育來讓自己實現宏大的理想，讓社會與國家為此受益。對他們而言，相比起大學所能帶給他們的東西，學費本身並不顯得昂貴。

班傑明‧迪斯雷利（Benjamin Disraeli）說：「生活中最為成功的人，都是那些掌握最優質資訊的人。」

格萊斯頓（Gladstone）那飽經鍛鍊、邏輯訓練以及深厚的理性，與一位從未接受教育的砂漿搬運工人所具備的懂得如何正確的將砂漿與磚頭攪拌技巧的理性能力相比，真是形成極大的反差。兩者的差異之處，其實也可追溯到最先的源頭——就是是否接受教育的問題。

當我談到這個國家那飽受教育洗禮的為人類服務的 8% 的人群時，我覺得，他們是一群菁英。在一般人都隨波逐流，融入那 92% 的手工勞動時，他們卻決定走一條不同的道路。我這樣說，絕不是對那 92% 的人群有什麼不敬，這只是對事實的簡單陳述而已。我們可以很清楚的看到，那 8% 的人們，可以透過在一些高智商的活動、商業或是專業活動來養活自己。要是沒有接受過大學教育或是高等教育薰陶的話，他們是不可能

從事這些活動的。他們自身的天賦與與生俱來的領導能力，讓他們與那些想透過大學來獲得優勢的人一道，組成了那 8% 的族群。

美國教育專員威廉‧哈里斯（William Harris）是這方面的權威人士，曾發表過一份報告，他在談到成功的機率時說：「在一個高度文明的社會裡，最為重要與關鍵的職位都落入那些接受過良好教育的人手中。在這個方面，受教育與沒有接受教育的比例高達 250：1。」這份報告是基於對這個國家裡許多著名人士名單以及名人傳記中的分析結果。我記得，好像思溫校長是第一位公布這些資料的人。這些資料包括之前在很長一段時間內一些人口的比較資料。

我也曾看到另一份統計資料，這份資料是基於美國上大學的年輕人的比例以及這些大學畢業生日後所擔任重要職位的比較。這些資料顯示了，超過三分之二的職位也許都被少於 2% 的人所占據。而這些 2% 的人基本上全部是接受過高等教育的人。

西部有一位很富有的人這樣說過：「我在夏天努力賺錢，在冬天就到學校裡學習。在我 15 歲之後，我在學校只上過一個冬季的課程，但是我總是不斷的學習書本與社會的知識。如果當初我接受了大學教育，現在我已經進入國會了。那麼，我也可以比現在更加成功了。」

一位具有影響力的律師說：「在過去 20 年裡，每天我都想著要接受更多的教育。透過不斷堅持的學習，在早年學校學習的基礎上，我又學到了許多新知識。但在接受知識這方面，我

是永遠不會滿足的。」

　　有人曾睿智的說，一位大學畢業生的心理能力就好像蒸汽或電力的能量，這並不僅僅限於驅動某一種引擎，而是適用於任何機械的運作。沒有接受過教育的人讓人不禁想起尼加拉大瀑布洶湧的水流都浪費了，即使不是如此，所利用的也不及一半；或是一對馬車在泥濘道路上掙扎著前行，而要是在康莊大道上，它們卻可以搬運數噸重的東西。

　　一位銀行家在《觀點》雜誌上發表了一篇〈關於大學教育對商人的價值〉。在文中，他這樣談道：「我深信一點，即無論我們日後從事什麼工作，都需要為此打下一個深厚、廣闊與扎實的基礎。如果一個男孩日後不想只是做低下的職員或是默默無聞的商人，那麼，在他父母能夠支持的情況下，都應該接受最好的基礎教育。」

　　一個年輕人在事業的早期階段，很難感受到不上大學所帶來的損失。假設他在 17 歲就進入辦公室或是商店工作，而他的朋友則在此時上了大學。那麼，在 4 年後，當他 21 歲時，就會覺得自己在商業能力上要比自己的朋友具有多方面的優勢。但是 5 ～ 10 年之後，那位曾經接受大學教育的人工作起來就會顯得更為輕鬆，更為自信，基本上與他的那位沒上大學的朋友相差無幾了。大學教育將強化我們的全方位能力。如果能正確利用大學所帶給我們的資源，這將是一輩子無價的財富。

　　某位高產作家這樣說過：「所謂大學課程，我想應被尊稱為一種『教育』—— 這只是接受教育的開端，一種基礎。大

學教育應該具有一個普遍的善意，應讓學生在離開大學之後，透過自身的努力，來不斷實現自己的理想。因此，大學教育不能讓學生囫圇吞棗的學習書本的知識，大學教育所授予的，也不過是科學與藝術等方面一些基本的知識。大學的定位不應該是讓一個人一勞永逸，而是要讓學生們懂得如何更為有效的學習。一張大學文憑並不能證明你多麼有才華──這只能證明了你通過了大學所規定你要學習的課程而已。」

大學首先要教給學生一種自我訓練的方法與鍛鍊他們的心智。這才是對大學成功與否的一個衡量標準。大學要讓學生學會思考。在其他條件都等同的情況下，相比起沒有接受過心智鍛鍊的人而言，大學畢業生從商後更能獲得成功。

一位校長說：「如果生活的唯一目標就是獲取財富的話，那麼，很多年輕人在沒有接受高等教育的情況下，無疑都已經實現了人生本應賦予的使命了。但是，如果有人去問這些年輕人，他們該如何讓自己不斷的完善或是怎樣才能對社會更為有益這些問題；或者社會拋給我們這樣的問題：什麼樣的人才是對人類的進步最有幫助的。我想，諸如對上面的這幾個問題的答案的認知，不僅不會讓我們大學或者教育機構裡的學生人數銳減，反而會讓接受教育的人占總人口的比例不斷上升，甚至會超出我們的想像。」

我對每個年輕人的建議是，無論怎樣，如果可能的話，都要去接受大學教育。事實證明，如果一個人能以更為恰當的方式去實現自身的潛質，他會感到更為快樂、更為圓滿，成為一個對社會有用的人。

　　另外，要是站在一個實用的角度來看，大學教育也存在不少的缺陷與弊端。大學的教學方法似乎並不能培養學生的實際能力，也不一定讓學生養成成功所需要的良好思維習慣。在很多時候，諸如理論性、猜想性的能力以及權衡利弊甚至是沉思、思前顧後的能力過度的發展了；而一種將事情迅速辦好的執行能力，果敢決斷與勇於踐行的能力，則常常是大學生所缺乏的。

　　大學的培養沒有讓學生養成迅速與及時行動的能力，學生們總是慣於權衡利弊，思慮再三，最後還是難下定斷。但是，當他開始日常的工作生活時，就會發現許多事情都需要即時的決定以及迅速的行動。沒有時間讓他拖到下週或是下月，因為所有的事情都必須在當天解決。因此，這就是許多大學生所存在的不足，他們要在一段相當長的時間裡，方能獲得一些很實用的知識。

　　為了迎合當今時代的需求，美國的許多大學都紛紛做出相應的調整。當今社會的激烈競爭驅使他們不得不這樣做。現在，工業以及商界的許多優秀人才都是出自於大學。相對而言，越來越多的大學畢業生選擇進入商界，而不願意從事專業領域的研究。就耶魯大學而言，相比於往年，現在進入商界的畢業生成長了 25%。大約 1/3 的畢業生成為了商人或者是商界領袖。而成為學者或是從事專業研究則不再是一個典型大學畢業生的選擇了。現在，他們的選擇也趨向更為功利化。

　　頭腦冷靜、富於實做的年輕人在大學教育中時常能如虎添翼，在日後的人生裡，為社會的進步發揮更大的影響。塞斯‧

洛說：「在許多接受過大學教育的人心中，會有這樣一種很本能的思維傾向，即源於書本的知識是人們所必不可少的。但是，人類的經驗告訴我們，許多書本之外的知識也同樣是極為重要的。出於本能的常識、未受過多少教育而獲得成功的人所具有的實用智慧，這些都是我們要想不斷獲得成功所必須的知識。」

　　同樣的道理同樣適用於商界。飽受鍛鍊的心智與常識兩者結合在一起，將產生極大的價值。約翰‧洛克（John Locke）認為，一個「常識沒有開化的人」，倘能接受全面的教育，不僅能成為最為全面與有效的公民，也將成為工業或是商界的領袖。

　　大企業之所以聘用大學生，一般來說，因為在其他條件等同的基礎上，大學生最終能夠成為更好的經理或是領袖，儘管大學生常常讓人留下實用才能不足的印象。大企業的老闆們知道，如果一個大學生能充分利用大學教育的機會，即使這可能會暫時扼制他的實用性能力的發揮。但大學教育給了他一直良好的分析能力以及對事情狀況迅速的掌握能力。大學畢業生最大的缺點在於他們喜歡滿口理論，將文憑的價值看得過重。但是，當一些未來的美夢逐漸破滅之後，他卻可以及時的加以調整。當他一旦掌握了一門行業的所有細節，就會實現跨越式的發展。在大學階段，他已經學會了如何思考，如何調動自身的心理能量。當他們一旦學會了如何應對企業發展的不同階段，以及如何運用自身的才能時，他將變得更為強大。這是沒有接受教育的他所不敢想像的。

　　思溫校長說：「接受教育其實是在為我們日後的事業節省

時間。我們似乎是要先往回走幾步，然後才完成一個大步跨越。大學教育帶給我們一種活力、朝氣、快速執行的能力以及有效辦事的能力。一個年輕人花上 4 年時間接受大學教育，這有助他更早的進入自己所喜歡的行業，也許能持續得更久。我偶爾知道在一座大城市裡一家最大規模的零售企業 —— 當然，具體的名字我不能說 —— 最近，他們所有的合夥人都訂下一些有效期 50 年的協議。在這些協定中，有一條協議要求每個合夥人的兒子都必須在該企業接受 5 年時間的學徒訓練。但是，若是接受了大學教育，學徒的時間就可縮減為 3 年。這個例子可能是從人類有史以來最為成功的商人 —— 猶太人那裡所學到的。儘管猶太民族有很多與眾不同之處，但他們本質上也沒什麼大的區別。他們的成功部分可以歸結為對教育的極端重視。克里夫蘭一位從事五金生意的商人常常這樣說，當一個大學畢業生在工作兩週之後，他所具有的價值就與那些只有高中水準卻工作了 4 年的人等值了。之後，他的價值將呈幾何式的成長。這位來自克里夫蘭商人的話在我看來過於偏激了。但我敢說，種種事實都在證明一點，接受大學教育是對時間的最好投資。」

「在許多大學裡，大約 1/3 的畢業生都選擇進入商界。而這些畢業生在大學投資的一種回報，至少從他們進入商界之後，表現為一種金錢上的回報。有很多例子都充分顯示，大學畢業生在投資大學教育上的收穫是極為豐厚的。畢業生可能須從最底層開始工作，獲得最低微的薪水。但他卻可以很快的從底層爬升。他所處的位置越高，進步就會越大。就在昨晚，一位傑

出的製造商對我說：『我願意花上 1 萬美元的年薪去聘請一個人到我辦公室工作。』他接著搖搖頭說，『但是，我找不到這樣的人。』而有能力去賺取年薪 1 萬美元甚至 5 萬美元的人，基本上都是過往 10 年或是 30 年來歷屆的大學畢業生。賓州鐵路公司正招聘許多大學生到各個部門工作。這些人在未來 50 年裡所獲得金錢上的報酬，將集中代表著年輕人投資教育所能獲得的龐大價值。」

舒爾曼（Shulman）校長說：「毋庸置疑的一點是，當今社會在各行各業都對大學生呈現出居高不下的需求。就拿工程製造業來說吧，15 年前，學生們要用一些『花言巧語』來哄騙這些機械生產製造商給他們試用的機會。正所謂『一人呼，萬人應』。到了 1900 年這個科系的畢業生，幾乎每個人都接受到 2 ～ 3 份邀請。一家著名的電力公司曾將一個班的所有畢業生都請過去工作了。因此，許多公共學校現在都亟需大學畢業的老師，而這種需求將隨著供應而不斷增大。」

所有這些社會變化以及趨勢都越來越清晰的顯示，我們的文明正趨向於更為複雜與更有組織的形式發展。「見好就收」的工作方法與沒有技術的員工都即將被淘汰。隨著美國的製造業、商界與歐洲大陸的競爭全方位的展開，我們每天越趨明白一點：即高階技能與才能，最大化的利用資源，這樣才能獲得競爭的勝利。在這個時代，去做世界要求我們所做的工作，需要我們接受科學方法所培養下的準確度、心智的眼光以及特殊的培訓，這些都是人們只能從大學教育裡得到的。

耶魯大學校長亞瑟‧哈德利（Arthur Hadley）說：「現在，

第三章　知識的現實力量

　　各行各業對大學生的需求正在不斷的增加 —— 這種增幅我們現在也難以滿足。這在近幾年商業活動不斷擴張的情況下顯得更加突出。當我們比較一下繁榮時代與蕭條時代的時候，就可以發現投入資本的價值要比現在的產出更大。一個大學生大約為了接受教育投入 2,000 ～ 10,000 美元的金錢。這一投資的價值同樣遵循汽船或熔爐所具有的價值。當對某一行業需求特別龐大時，他們就能從中獲益最多。當市場需求慘澹，他們也只能勉強過活。這樣的話，很多人就覺得沒有必要去上大學，除非能夠從中獲得一些特別的才能訓練。我認為，商界與政界對大學畢業生的需求不斷增加，這也將有助於提升公共服務與公共生活的標準。我個人認為，這應被視為政治進步的一個結果，而不是其原因。我們現在面臨的許多管理上的新問題，都需要許多訓練有素且具有廣闊視野的人才能解決。這必然會對下一代的公職人員的教育程度有很大的要求。」

　　耶魯大學另一位校長說：「在商界打拚十年之後，大學畢業生必將輕易的超過那些沒有接受過系統教育的商人。但是，他們在工作之餘還會有一些業餘愛好。他們在獲得成功之後，只想讓工作成為生活的一部分，而不是為了生活而苦苦的工作。」

　　在我所認識的許多成功的商人中，不少人告訴我，他們偏向於聘用接受過大學教育的員工。因為，這些員工更能集中精力去完成某一件事情，他們一般都具有較為高尚的人格、遠大的目標，這是許多沒有上過大學的員工所不具備的。所以，這些接受過大學教育的員工更為忠誠，也更容易獲得成功。最

為明顯的是，西部的鐵路公司聘用大學畢業生的規模是史無前例的。

一所現代化、裝備齊全、與時俱進的大學，應該緊跟時代的脈搏，讓莘莘學子從中獲得最充足的知識養分，為他們日後的人生發展打下扎實、牢固的基礎並獲得全面的發展。

思溫校長在一篇論文中呼籲人們對以下方面給予足夠的重視 —— 大學生透過自身的努力、不斷學習，在時間與精力上都投入極大。但是他們從大學裡收穫的要遠比投入的多得多。他們從與老師或是同學的切磋與砥礪中學到了許多東西，這要比他獨自一人學習更有收益。因此，他們成為了一群高階知識分子中的一員。正是這些人在數個世紀以來不斷的推動著歷史的車輪，而在史冊上也閃耀著他們光輝的名字。

偉人之所以能夠到達那樣的高度，與他們早年所接受的教育是分不開的。教育不僅讓他們勝在起跑點上，更讓他們比別人前進得更快，有能力擔當更為重要的職位。

敘拉古大學的校長在談到一個人如何定位好自己，找定自己的位置時，這樣說道：「你對自身能力的評價以及思考的全面性或是真實性，這些都決定你自己的運行軌跡。一個膨脹的球體不可能繞著土星的軌跡運行。兩者之間的直徑取決於兩顆恆星的密度以及特質。人們常常喜歡談論財富、朋友以及許多成功的偶然因素，這種對成功的看法是不全面的。那些真正具有能力以及才華的人始終會發光的。星星總會找到屬於自身的軌道，這種軌道是固定的且被某種無法更改的法則牢牢掌控。但是，我們首先要做那顆『星星』，然後自然就會找到屬於自

己的軌道了。這取決於我們與其他『星星』以及處於永恆運動空間的關係。」

　　星星為進入軌道所做的準備或是軌道為迎接星星所做的準備，這兩者與我們在世上最優秀的學府所接受的最高級的心智鍛鍊密不可分。一個人在大學裡面所學到的語言、歷史知識或是一些科學知識的細節可能隨著時間的流逝而忘懷，但是，大學賦予我們充盈與美麗的人生以及無限的能量將永伴我們一生。

第四章
論家庭教育

第四章　論家庭教育

　　一個人品格的塑造，家庭是第一所學校，也是最為重要的一所學校。人從娘胎裡呱呱墜地，就要受到家庭本身所附帶的最好的或者最壞的道德薰陶，正是家庭裡的這些道德品格培養了他們的行為準則，而且將會貫穿於他們的一生，直至生命的最後一刻。

　　有一句廣為人知的格言：「行為舉止造就了人。」還有一句格言叫作：「心靈造就了人。」然而，比這兩句格言更為千真萬確、更能讓人信服的一句格言就是：「家庭造就了人。」因為家庭的薰陶，不僅能塑造人的行為舉止和心靈，還能塑造一個人的品格。在家庭生活中，一個人的心靈開始敞開，習慣便開始形成，理性也開始萌芽覺醒，善良或者邪惡的品格也便開始初具雛形。

　　家庭，不管它本身是純潔的還是骯髒的，都將是產生管理社會的原則和規則的泉源。眾所周知，法律本身不過是寫照家庭的一句句條款。在家庭生活中，其父母對孩子的心靈播下的哪怕是最為細小的思想火花，到後來這些思想的火星也會向整個社會進發，從而影響到全體國民。

　　民族的振興從托兒所就已經開始，因此，那些管教孩子的人所產生的影響，比那些管理政府的人產生的影響還要深遠。朱爾・西蒙（Jules François Simon）所著的《職責》一書中記載道：「公民的道德，除非在私生活和家庭生活中有著良好的開端和奉獻精神，否則，只不過是偽裝出來的德行。試想，一個對自己的孩子沒有愛心的人，不可能對人類表現出真正的愛心。」

家庭生活應該為社會生活提前做好準備，而且，一個人的心靈和品格應該首先在家庭生活中形成，這是一切社會發展所形成的自然秩序。一個人首先要在家庭生活中學會獨立，與人互動，並彼此適應，等到他成長為社會人後，才能立足於這個社會。一個人必須要從家庭生活走向社會生活，從兒童時期慢慢成長為一個公民，因此，家庭可以稱作是對文明社會最有影響力的學校。因為就文明本身而言，歸根到底要轉化成對個人的訓練，而作為社會元素的每個成員，在青少年時期所受到的良好的或不良的教育，決定了整個社會文明程度的高低。

　　任何人哪怕是最有才智的人，其早年所受到的道德環境的薰陶，都會對其一生產生強有力的影響。因為每個人來到這個世界時都是孑然一身，無依無靠，他必須依賴於周圍的人並從中獲得營養和教育。一個人從他的第一次呼吸開始，他所受到的教育也便開始了。當一位母親帶著她四歲的孩子，向一位牧師請教她應該在什麼時候開始對自己的孩子進行教育時，這位牧師回答說：「夫人，如果您還沒有開始對孩子進行教育，那麼，您已經耽擱了四年的讓孩子受到教育的時間。其實，從嬰兒臉上第一次露出微笑開始，您就應該抓住機會開始進行教育。」

　　其實，在這個案例當中，在母親帶著孩子去請教牧師時，她的孩子已經潛移默化的受到了很多教育。因為小孩能透過簡單的模仿進行學習，而這種學習不需要外界的逼迫，他們幾乎是在任何時間任何地點抓住任何機會，就在「偷偷的」進行模仿。有一句阿拉伯諺語說：「一棵無花果樹看著另一棵無花果

樹，就會變得碩果累累。」小孩子也是如此，他們的第一位偉大的導師就是「示範」！

在兒童性格的形成過程中，不管多麼微小的影響都會貫穿其一生。兒時的品格形成構成了成年時品格的核心，所有成年後的教育都只不過是在兒時品格的基礎上進行的一次次疊加，但是核心的形式卻沒有發生變化。因此，正如有句詩詞所說：「兒童是成人之父。」或者就像米爾頓（Milton）所說的那樣：「童年預示了一個人的一生，正如早晨預示著一天一樣。」

那些持續時間最長、扎根最深的推動力，往往結緣於我們出生之時。正是在那時，美德或邪惡、感恩或感傷的基因首次移植於人的身體，從而決定了一個人一生的品格。

兒童往往是站在一個嶄新世界的大門口，對其中的一切事物都充滿著新鮮感和好奇心。起先，他們會四處觀望，不久，他們便開始觀察、領悟、分析比較、模仿，把對事物的印象和思想牢記在心。這個時候，倘若他們能得到悉心的指導，那麼，他們所獲得的長進會讓人驚詫和喜悅。

透過研究發現，小孩在 18 ～ 30 個月這段時間，對物質世界、對自己的能力、對其他物體的屬性，甚至對自己的心靈和對他人的心靈，都會有一番領悟。這些領悟會比他在爾後一生中所獲得的領悟還要多出很多。在這一時期，一個小孩在生活中所累積起來的知識，與他在心靈中所產生的思想，就顯得至關重要，以至於那些在劍橋大學獲得數學學位的人，或者是那些可以稱得上牛津大學一流學者的人，也變得不值一提。因此，假如一個人學到的東西可以擦掉的話，那麼，一個小孩在

此期間所學到的東西要用一生的時間來清除，而這些學者的學問不用一週的時間便可全部清除乾淨。

　　兒童時期，心靈的大門毫無遮攔的敞開著，時時準備接納新鮮事物。這時的他們，不僅接受能力強，而且記憶力強。一個人在少年時學到的本領，好比刻在石頭上，很難遺忘。據說，史考特（Scott）在學會讀書寫字之前，透過他母親和祖母的朗誦，便已對民族文學如痴如醉。一個人的童年就像一面明鏡，在日後的生活中反射著最早進入他生活的東西。還有，第一次在孩子生活中出現的事情，也必將影響其一生。這些事情往往就是第一次喜悅、第一次悲傷、第一次成功、第一次失敗、第一次輝煌、第一次災難，它們共同構成了一個人一生的生活背景。

　　與此同時，一個人的品格也正承受著錘鍊，同時也在不斷的進步和完善。他們的性情、意志和習慣，都將成為日後幸福生活的依託。雖然人在日後的發展中具有一定的自我調節、自我拯救的能力，對周圍的環境具有相對獨立的能力，對周圍的生活具有一定的適應能力，但是，幼年時期所形成的先入為主的偏見，對道德品格的影響是極其強大的。誠然，即使把一個心靈最為高尚的哲學家，放在一個日常生活極不方便、道德淪喪的惡劣環境之中，他也會變得麻木不仁、凶殘無恥。試想一下，要是放的不是哲學家，而是將一個毫無免疫力、無依無靠的孩子置身於這樣的環境中，他所受到的影響那就可想而知了。因此，在一個野蠻、貧困和骯髒的環境中，要想培養出一個心地善良、有著純潔品格和道德高尚的人，是萬萬不可能實

現的。

因此，那些將孩子培養成成年男子或女子的家庭，可以根據其對孩子的管理能力，就能區分哪些是良好的家庭、哪些是糟糕的家庭。在那些充滿愛心和責任感的家庭裡，他們的孩子從小就得到了智力的啟蒙和良好品格的正確引導。同時，我們也可以指望這個家庭培養出一批身心健康、有所作為、樂觀向上的孩子。因為經過這樣的家庭培養出來的孩子，獲得了必備的力量，他們會走上正直、自制和樂於助人的生活道路。

與此相反，如果小孩子生活在一個愚昧、野蠻、自私的家庭環境中，他也會潛移默化的受到這些不良風氣的感染，日後成為一個粗魯的毫無教養的人。要是將他們置身於文明生活的多重誘惑之中，他們會對社會造成極大的危害。一位古希臘哲學者就說過這樣一句話：「如果讓奴隸去教育你的孩子，那麼，你得到的就不再是一個奴隸，而是兩個奴隸。」

孩子總會情不自禁的模仿他所看到的一切。對他來說，一切東西都是他的榜樣，包括行為方式、體態姿勢、言語、習慣和品格等。有人曾經指出：「對一個小孩來說，他一生中最重要的時期就是童年時代。在這個時期，他開始透過和別人的互動以及效仿別人的行為方式，來為自己的生活增添色彩。」

模仿，培根把它比作「全球通行的訓導」。然而，榜樣所發揮的作用，遠遠不只是口頭的訓導，她是孩子們行動的指南，是引領孩子們行動的無聲指令。一般來講，以身作則遠勝於那些口頭式的訓導。倘若孩子們認定了一個榜樣具有極壞的品行，那麼，這位榜樣即使再苦口婆心，採用最好的口頭訓導

也無濟於事。

　　人們會追隨榜樣，而不會聽從訓導。事實上，和自身行動不一致的口頭訓導不僅發揮不了任何作用，相反它還教人虛偽，從而走向邪惡。即使是小孩，也能判別一個人的言行是否一致，因此，那些說一套做一套的父母，很快就會被孩子們所識破。所以，那些明裡滿口仁義道德，暗裡雞鳴狗盜、男盜女娼的人，企圖道貌岸然的進行關於誠實的說教，是毫無效果的。

　　行動的模仿，對一個人的性格影響是潛移默化的，是在漫長的時間中悄無聲息的完成的。這就像天上飄下來的一瓣瓣雪花，雖然每一瓣新增加的雪花對於整個雪堆無足輕重，也絲毫不能引起人的感官上的變化，但是，正是這一瓣瓣雪花的集腋成裘，最終釀成了雪崩。正所謂「冰凍三尺，非一日之寒」。行動的模仿，對於重複不斷的行為更是如此，透過日積月累，最終形成了難以改變的習慣，也就決定了一個人的善良或者邪惡的舉動。

　　《拉瓦那》一書中，關於「教育學」的定義是：任何一個新上任的教師對孩子的影響不會超過他的前任。假設我們把一個人的一生都當作是受教育的過程，我們會驚奇的發現：一個環球旅行家所受到的沿途民族的影響，遠不及他在孩童時期家庭對他的影響。因此，在小孩的模仿過程中，榜樣的力量是至關重要的。如果我們希望一個小孩能夠擁有良好的品格，那麼，我們就應該為他提供良好的榜樣。

　　有一個榜樣，常常在孩子們面前出現，那就是他們的母

親。喬治‧赫伯特（George Herbert）曾經說過：「一個好的母親抵得上一百所學校裡的老師。」在家庭中，母親像磁石一般吸引著孩子們的心靈，像北極星一樣對孩子的教育發揮著燈塔的作用。在家庭裡，孩子們時時刻刻都在模仿自己的母親。

孩子在選擇榜樣時也會有所選擇，因為在家庭生活中，是母親而不是父親影響了孩子的一舉一動，所以，母親的榜樣作用是至關重要的。關於這一點，也是不難理解的。家庭是女人的管轄區，在這裡女人是家庭的國王，對家庭實行著全面的控制。她對每一個細小的物體都擁有絕對的權力，小孩如果要獲得任何東西，都要經過她的批准。因此，小孩也在無意之中觀察和模仿他的母親，以便使得自己將來也要擁有這份「至高無上」的權力。

曾有人在談到幼年時期所受到的影響和移植於自己心靈的思想時，他將這一切比作「刻在一棵小樹樹皮上的字母」，隨著小樹年歲的增長，樹皮也在增大，字母留下的痕跡也隨之增大，字母對於小樹的影響也在逐步擴大、日益明顯。一個母親在孩子幼年時期所留下來的印象，不管多麼微弱，卻是孩子一生不可磨滅的。當時植入心靈的思想就像埋在地下的種子，在這裡萌發，生長為日後的行動、思想和習慣。因此，母親的德行操守在自己的孩子身上得到了再生。孩子們呢，也在有意或者無意當中模仿著母親的行為舉止、言語和生活方式。母親的習慣成了他們的習慣，母親的品格自然也會滲透到他們的品行當中。

母愛是我們人類可以看得見的神靈，它的影響是永恆和普

遍的。在對每一個新生生命進行教育的同時，每一位善良的母親在生活中對子女的重大影響，將隨著孩子的年歲的增長而永遠的延續下去。每一個人來到世界上，都要參加勞動、產生焦慮和承受考驗，當他們遇到麻煩和身陷困境的時候，他們都會跑去向母親垂詢，或者從母親那裡尋求安慰。在母親離開人世之後，她所移植於孩子心靈的純潔和善良的思想，依然透過子女轉化為善良的行動。或者當她在這世界上只留給人們美好回憶的時候，她的子女帶著她的思想已經長大成人，那麼，這位母親依然是聖潔的，值得人們尊敬。

我們可以毫不誇張的說，這個世界是幸福還是不幸，是開化還是無知，是文明還是野蠻，在很大程度上都取決於女人在她的家庭中所運用的各種權力。愛默生（Ralph Waldo Emerson）曾極有見地的說過：「對文明的唯一衡量標準，就是那些善良女人所影響的結果。」甚至有人說，孩子最終將成為一個什麼樣的人，主要取決於他從第一個最有影響力的教育者那裡所接受到的訓練和榜樣的示範，因此，我們的子孫後代都孕育在那個睡在母親懷抱裡的孩子身上。

女人超出於其他教育者的地方，就在於她們能對孩子提供人性的教育。男人是人類的頭腦，女人則是人類的心靈；男人對人類最大的功用在於能理性思考，女人對人類的突出貢獻就在於她們的思考多半來源於感情；男人是力量的象徵，女人則是文雅、華美和快樂的象徵。換句話說，即使是最優秀的女人，她對世界的理解力也主要是透過感情來獲得的。因此，儘管男人可能提供智力支援，但是，感情的開發卻是由女人來完

成的，而品格的形成主要依託於情感。男人能充實人的頭腦，而女人占有的卻是一個人的心靈。對於事物的認識，男人只能使得我們去相信它，而女人卻能使我們去熱愛它，因此，一個人美德的養成主要受女人的影響。

在一個人的品格的薰陶和發展過程中，關於父親和母親各自的影響作用，我們可以透過聖・奧古斯丁（Saint Augustine）的一生來加以說明。奧古斯丁的父親是撒傑斯特地區的一個窮苦市民，他為兒子的非凡才華感到驕傲，力圖教給兒子淵博高深的學識。為達到這一目的，奧古斯丁的父親做出了極大犧牲。正如他的鄰居所說的，「花在他兒子身上的金錢，已經遠遠的超出了他的經濟能力」。然而，奧古斯丁的母親莫尼卡（Monica）培養孩子的方式卻與其丈夫不同，她為了將兒子的心靈引向最崇高的善良，於是悉心的呵護他、勸導他、引導他。在這一過程中，因為兒子生活的不檢點，莫尼卡也曾有過痛苦和沮喪，但她仍然堅持不懈的開導兒子，用至善的良心去影響兒子，最終，她不僅改變了極有天賦的兒子，也同時改變了自己的丈夫。後來，奧古斯丁的父親過世，奧古斯丁要求母親跟隨自己前去米蘭生活，出於對自己兒子至深的愛，莫尼卡決定聽從兒子的建議，前往米蘭繼續照料兒子。到了奧古斯丁 33 歲時，莫尼卡駕鶴西歸，但是，奧古斯丁回憶時，一直不忘母親對自己一生的影響。奧古斯丁經常跟周圍的人說：「在我幼年時期，我母親莫尼卡對我的表率作用和諄諄教誨，在我心靈裡打上了深刻的烙印，並因此決定了我一生的品格。」

父母在孩子幼年時期對孩子的影響，會在他們心靈上留下

深刻的印象，即使在日後也會最終轉化為善良的行動。然而，這種良好品格的影響有時也會打折扣，或者事與願違。因為在父母的良好德行影響孩子時，在這中間，孩子可能還要承受外界的自私和邪惡的干擾。有時，當父母竭盡全力的教導孩子形成正直和高尚的品格時，他們的努力可能會徒勞無功，這就好比一個人對另一個人施恩，但是另一個人並沒有圖報的良心，這樣的事情在我們生活中已屢見不鮮。關於這樣的事情，我們不要感到無助和悲觀，有時也能有意外的轉機。比如在父母去世後很久，有的 10 年、20 年，有的或許會更遠一些，那些父母的善意的口頭訓導和在年幼的子女面前的表率作用，最終會發芽開花、結出碩果。

在這類事例中，最有代表性的是約翰‧牛頓（John Newton）。他是奧爾尼教區的牧師，也是詩人古柏（William Cowper）的朋友。在約翰的父母去世後很久，他自己已經是一名海員，早已度過了放蕩不羈的青少年時期。有一天，他突然良心發現，自己心裡有一種深深的罪惡感揮之不去，母親的聲音彷彿又在耳邊響起，母親對自己的教誨好似在腦海中翻騰，引導自己浪子回頭，指引自己去追求善良和美德。

另一則有代表性的案例，是有關約翰‧藍道夫（John Randolph）的。這位美國政治家曾經說過：「如果不是回憶起往事，或許我已成為一個無神論者。有些往事總能讓我記憶猶新，那時，我媽媽總是牽著我的小手，讓我跟著她一起雙膝跪地，並且要在口中唸『我們的天父』！」

一個人的品格養成主要是在幼年時期。當一個人進入成年

時期時，那些幼年時期所形成的品格，一般都能保持下來，並且逐漸穩定下來。「不管你能活多少歲，」塞西說道，「第一個二十年，將是你一生中最為漫長的一半。」確實，正如塞西所說，第一個二十年是人的一生中最能富於成果的黃金時期。沃爾科特（Walcott）博士習慣於造謠中傷，以及長年縱情聲色，結果染上了重病，氣息奄奄。一位朋友問沃爾科特博士：「您是否還能做什麼事情，使得自己感到滿足呢？」這位垂死的人急切的回答說：「是的，只要能讓我返老還童。」倘若讓他再次年輕，他或許會痛改前非、改過自新。但是，這一切都已為時太晚，沃爾科特博士的生命早已被習慣的鎖鏈牢牢束縛，他已然成為習慣的奴隸。正如聖奧古斯丁在《懺悔錄》中談到習慣的力量時指出：「我的意志一旦被敵人俘虜，它們就會為我鑄造一條鎖鏈，將我牢牢縛住。因為前進的意志是由貪欲構成的，這種貪欲也注定要成為一種習慣，而這種習慣又不可避免的要成為生活的絕對必須。綜合以上這些原因，敵人為我鑄造的這些鏈環，環環相扣，構成了一條牢不可破的鎖鏈，讓我成了它們的俘虜。」

作曲家葛雷特利（Grétry）認為，女人作為品格的教育者是極為重要的。葛雷特利尊重女人關於品格的教育，這一思想是極為深刻的，他時常將優秀的母親刻劃成「自然的傑作」。他說，優秀的母親在家庭中營造良好的道德氛圍時，她們也為人類的精神世界提供了豐富的養料，就像男人們為物質世界的進步提供了豐富的養分一樣。女人們在理性的指導下，以溫和的性情、善良和友好的品格，營造了一個歡樂、如意、祥和的氛

圍，這種氛圍不僅適於純潔的品格的生長，而且也適於剛毅性格的形成。因此，女人們為人類的進步所做的努力，是男人們不可比擬也無法超越的。

哪怕窮得家徒四壁，只要有一個善良、節儉、樂觀的女人料理家務，這樣的家庭仍然是舒適、溫馨和幸福的。受這樣的女人影響，家庭成員之間就能和睦相處、關係融洽，這樣歡樂的家庭不僅會受到人們的喜愛，而且也會成為人們心靈的神聖殿堂、躲避生活風暴的港灣、勞累之後休息的樂園、不幸之時尋求安慰的處所、諸事順遂時的驕傲，以及在任何時候都引以為樂的泉源。

不管是在青少年時期還是在老年時期，良好的家庭都是最好的學校。在這裡，年輕人和年老者都學會了快樂、忍耐、自制、奉獻和責任心。在談到喬治‧赫伯特的母親時，艾薩克‧華爾頓（Izaak Walton）說：「她極有分寸的管理家庭事務，既不過於苛刻，也不會尖酸刻薄；在孩子們的娛樂活動中，她十分溫柔、和藹，因此，孩子們都十分樂意與她在一起，而孩子們的這一舉動，也時常使她自己感到欣慰和滿足。」

家庭也是最好的禮儀學校。在這裡，女性往往是最優秀的能為人師表的導師。法國普羅旺斯人有這樣一句諺語：「沒有女人，男人永遠只是少不更事的毛頭小子。」有人曾經指出：「博愛是以家庭為中心發散開來的，因此，在社會活動中，熱愛我們所屬的那個家庭小團體，是熱愛其他公益事業的感情基礎。」在神聖不可侵犯的家庭圈子裡，那些最明智和最優秀的人，不會因為自己的才智低於孩子而感到恥辱，相反，他們會

第四章　論家庭教育

因此而感到快樂和幸福。在家庭生活中，那些心地純潔、有責任感的人，也為他們日後在公職生活中要擁有的道德心和責任心奠定了扎實的基礎。所以，一個熱愛自己家庭的人，也會毫不含糊的熱愛和服務自己的國家。

然而，家庭並不都是培養品格的最優秀的學校，它們也可能是最糟糕的學校。從兒童期進入成年期，在這期間多少不幸都是由於家庭的無知造成的。把孩子託交給一位愚昧無知的女性去撫養，他日後就會毫無教養、無可救藥。假如一位母親好逸惡勞、心術不正、行為放蕩，在家庭中吹毛求疵、性情暴躁、極不安分，那麼，家庭就會成為充滿不幸的人間地獄── 人人唯恐避之不及，更談不上一往情深的迷戀。在這樣的家庭中長大，對孩子來說是一種極大的不幸，會讓他們具有道德缺陷和在道德方面發育不良── 這不僅會為他們本人帶來災難，而且也會對社會中的其他人帶來不幸。

拿破崙一世（Napoléon Bonaparte）總是習慣於說：「一個孩子行為舉止的好壞，完全取決於他的母親。」拿破崙將自己在生活中的成就，很大程度上歸功於他在家庭生活中母親對他的意志、力量、自制等方面的磨練。一個拿破崙的傳記作家說：「除了拿破崙的母親以外，幾乎沒有人能指揮得了他。他的母親總是透過諸如溫柔、嚴厲而又極有分寸的方法，讓他熱愛、尊敬和服從自己。從拿破崙母親那裡，拿破崙學到了順從的美德。」

西元 1850 年，在《關於英格蘭和威爾斯聯盟教區附屬學校的調查報告》中顯示：孩子們的品格取決於他們的母親。作者

寫道：「有人告訴我，在一家大工廠裡，老闆聘用了許多孩子。這個工廠的經理們在錄用某個孩子之前，往往要詢問孩子們關於自己母親的品格，如果經理們對這位孩子的母親的品格感到滿意，他們也就會對這位孩子將來的行為舉止放心，也就能聘用他們。相反，這些經理們卻對孩子們的父親的品格漠不關心。」

我們透過調查，也發現了這樣的事情：在有的家庭中，父親的品行極差，常常酗酒、偷雞摸狗，但是，只要母親勤儉節約、通情達理，這個家庭就能保持得完整，孩子們日後的生活照樣可以飛黃騰達。但是，與此相反的事情卻並不多見：在一個家庭中，如果母親品行不端，不管父親的言行舉止多麼有教養，他們的孩子在日後生活中很難有所作為。

然而，女人在孩子們的品格形成過程中的影響究竟有多大，對此我們仍然知之甚少。由於家庭純屬私人生活空間，女人們在僻靜的家庭中默默無聞、任勞任怨、盡職盡責，她們的業績也便鮮為人知。正因為如此，即使在傑出人物的傳記作品中，描述母親對他們品格和志趣愛好有所影響的文字也並不常見。然而，女人們並不計較這些得失，她們所實施的影響雖然沒有載入史冊，但是在後世人的生活中卻充滿活力、發生作用。

我們經常能聽到傑出男人的名字，卻較少能聽到偉大女性的名字，可是，我們卻能經常聽到善良女人的名字。女人鍛造了人類良好的品格，僅此一項偉大的事業，比她們畫出世界名畫、創作不朽的文學名著和戲劇，要絢麗奪目得多。「千真萬

確的是，女人沒有創造出什麼傑作，」約瑟夫‧德‧邁斯特（Le comte Joseph de Maistre）說，「她們沒有寫出《伊利亞德》、《拯救耶路撒冷》、《哈姆雷特》、《菲德爾》、《失樂園》、《偽君子》；她們沒有設計出聖彼得大教堂，沒有創作出《彌賽亞》，沒有雕刻出《觀景殿的阿波羅》，沒有畫出《末日審判》；她們也沒有發明代數學、望遠鏡、蒸汽機，但是，她們卻做了比所有這一切更為偉大、更為優秀的事情，那就是每一位正直和高尚的男人或女人，都是在她們的膝上調教出來的，而這些，才是世界上最為傑出的作品。」

約瑟夫‧德‧邁斯特在自己的書信和作品中，懷著無比的熱愛和無限的崇敬談到了他的母親。在他的眼裡，母親的高貴品格是所有其他女性可望而不可即的。他將自己的母親描寫成「一位崇高的母親」、「一位上帝借體還魂的天使」。他還將自己的品格、志趣愛好和善良天性，歸功於自己的母親。不僅如此，當他進入成年，擔任聖彼得堡使館大使時，他說母親的言傳身教影響了他的一生。

山繆‧詹森（Samuel Johnson）儘管其貌不揚，還不修邊幅，但是，他卻有著迷人的人格魅力。他的和藹可親最讓世人傾倒，而他卻說自己這種品格來自他母親的調教。在一本書中，記載了這樣一件事：當時山繆已經年過半百，他的母親已是九十歲高齡，而詹森在西元 1759 年 1 月曾多次給母親去信，說自己被世人所愛戴的品格完全出自母親的親身調教。詹森還說：「我母親是一位領悟力極強、最讓我崇拜的女性，以至於在我最困難的時期，我也要從最為微薄的收入中拿出一點錢，

讓我的母親過得舒服一些。」後來，詹森寫作了《阿塞拉斯》一書，用稿酬償還了母親的一小筆債務後，拿著剩下的所有稿酬支付了母親的喪葬費用。

另一則案例，我們能從《華盛頓的生活》一書中，看到女人對於家庭的貢獻。喬治·華盛頓（George Washington）是其家庭裡五個子女中的老大，在他年僅十一歲時，慈父去世，母親成了寡婦。然而，他的母親卻是個極為優秀的女性，她富有很強的人格魅力，且又足智多謀，擅長生意買賣，是個十分難得的管理人才。除了五個子女需要她來教育和撫養外，還有一大堆的家務需要她來料理，同時，還有面積廣大的種植園需要她來經營，但是，華盛頓的母親憑著自己的理智、勤勉、溫柔、節儉和機警，付出了辛勤的勞動，遊刃有餘的克服了重重障礙，終於得到了豐厚的回報。在她的勤勞和善良的品行影響下，她的五個孩子都順利的進入了生活，而且一個比一個前程美好。他們在各自的領域中大顯身手，不僅為自己贏得了榮耀，而且也為教給他們生活準則、行為方式和習慣的母親，贏來了至高無上的榮譽。

為克倫威爾（Oliver Cromwell）寫傳記的作家，很少在作品中提及這位護國公的父親，但是卻不惜筆墨、不厭其煩的詳細描述了克倫威爾母親的品格。作家把她描述成一位精力過人、辦事果斷的女性。即使在最為孤立無助的情況下，這位優秀的女人還有著非凡的自救能力。不僅如此，即使在極為不幸的處境中，她仍然有尋求解救的精神和力量，這種精神和力量與她的溫柔和耐心相比也毫不遜色。憑藉她勞動的雙手，她給五個

女兒的嫁妝，遠遠超過當地稱得上富豪們的財產。她也極富愛心、正直誠實，即使生活在豪華的英國政府宮殿裡，她仍然生活儉樸，就連平常的酒宴，她也只飲用早年在亨廷頓郡時喝的那種普通啤酒。她根本不在乎財富和權力，唯一在乎的那就是兒子的安全，因為兒子處在極其危險的顯赫之中。

我們前面談到拿破崙一世的母親是位極富人格魅力的女性，在這方面，儘管威靈頓的父親是位傑出的作曲家和演員，但是威靈頓的性情和品格，很明顯的從他母親那裡繼承而來。更讓人感到詫異的是，威靈頓的母親在培養威靈頓時，竟然拿他當作一個智力低下的人，也不像寵愛其他子女一樣喜歡威靈頓，直到威靈頓獲得了光輝的成績，她才開始喜愛威靈頓，並以他為傲。

納皮爾三兄弟從父母身上都受益匪淺，特別是從他們的母親身上。在他們童年時期，他們的母親總是力圖用崇高的思想激發兒子們的心靈，教他們崇尚輝煌的成就，引導他們養成一種騎士精神。後來，這些品格都在他們的生活中表現出來，從而支持他們在人生的道路上盡職盡責、潔身自好，並至死不渝。

在政治家、律師和宗教學家的談話中，我們發現他們特別喜歡提到大法官培根、厄斯金和布萊漢姆的母親，她們都是具有非凡才能的女性，而且最為重要的是，她們的學識都很淵博、見多識廣。布萊漢姆爵士在談到羅伯遜教授的妹妹時，就像談到他自己的祖母一樣充滿敬意，她教給了布萊漢姆孜孜不倦的追求各種知識的首要原則，而這一原則成了貫穿布萊漢姆

一生的最突出的品格。

　　羅伯特‧貝爾（Robert Bell）所著的《坎寧的一生》一書中，記載道：坎寧（George Canning）的母親是位稟賦極高的愛爾蘭婦女，她的兒子坎寧也同樣是個天分很高的人，但是她的兒子對她一生都無比熱愛和無限崇敬。坎寧母親的智力非常人能比，正如坎寧的傳記作者所說：「事實上，如果不是親眼所見，我們不敢相信這是事實，因為只要稍稍了解坎寧母親的人，都會被她那種奇特的品德魅力所迷住。她的談話充滿活力，能鼓舞人心，她選擇的話題新穎而有吸引力，從來都不落俗套。不僅如此，她的行為舉止富有個性特徵，透過和她互動，周圍的人能感受到她身上有一種偉大的精神力量，因此，她被生活在那個圈子裡的人愛戴。坎寧如此深愛自己的母親，他自始至終依戀的就是母親那十分難能可貴而又令人傾倒的品格。」

　　由卡南（Canan）的兒子所著的《卡南的生活》裡，有這麼一章：卡南的母親是位悟性很高的女性，他總是懷著極其深厚的感情經常談到自己的母親。卡南甚至將自己在生活中的所有成功，全部歸因於他母親明智的勸導、始終如一的虔誠以及她教給孩子們的可貴的抱負。卡南過去總是說：「我從我可憐的父親那裡繼承下來的、唯一的、可以值得誇耀的東西，就是這一張不是很吸引人的臉蛋和像他本人那樣的一副身材。如果說這世界給了我什麼東西，而且比我這張臉蛋和這副身材以及世俗的財富更可貴的東西，那就是我親愛的媽媽給了我無窮的精神財富。」

　　當美國前總統亞當斯（John Adams）視察波士頓女子學校

時，學生們的致辭深深的感染了他，因此，他利用致答辭的機會，談到了女性對他的訓練，以及女性社團在他的個人生活和品格中所產生的影響。亞當斯說：「小時候，我最感謝上帝，因為上帝賜予了我一位非常出色的母親，她經常為自己的孩子擔憂，而且她自己還有能力讓孩子形成良好的品格。我從母親那裡得到了很多教導，這其中有關於宗教和道德的教導，它們在我的生活中發生了極為強大的作用。我不敢說這些教誨是盡善盡美的，但是我敢說，在我的生活中，我做事的不完美或者對她的教誨產生背叛的話，都是我自己的過錯，而不是我母親的責任。我只有這樣說，才是對我可敬的母親的一種公道。」

在歷史長河中，衛斯理（Wesley）兄弟是至善至美的代言人，它們與父母親的關係十分密切，但是，在對他們心靈和品格的教育與影響方面，他們的母親遠遠要多於父親。他們的父親是個意志十分堅強的人，但是在家庭中有些過於嚴厲和獨斷。衛斯理兄弟的父親曾經一度決定拋棄自己的妻子，因為她不肯違背良心，同意丈夫為當時執政的君主寫下禱告文。衛斯理兄弟的父親這一休妻想法，直到威廉三世（Willem III）意外死亡之後，才改變了當初輕率做出的決定。在對待孩子方面，他也表現出同樣的專橫，他甚至強迫女兒違心的嫁給一個她根本不喜歡、也根本配不上自己的男人。

衛斯理兄弟的母親具有極強的理解能力，酷愛真理，她非常溫柔、具有說服力、慈愛而且儉樸。她不僅是孩子們良好的導師，而且是他們快樂的玩伴。正因具備了這兩種特質，她漸漸的成為孩子們效法的楷模。衛斯理兄弟的母親從小對孩子們

進行宗教信仰方面的薰陶，使他們心裡產生了一定的傾向，因此在他們還年幼的時候，就已靠近了分類學的門檻。西元 1709 年，當衛斯理還是威斯敏斯特的一位學者時，他的母親在給兒子的一封信中寫道：「我建議你盡可能的從事某一種方法的研究，這樣你就可以充分利用每一分寶貴的時間，找到一種不可言說的簡便方法，甚至能遊刃有餘的完成你的各項工作。」接著，她繼續描繪了這種「方法」的好處，告訴兒子「任何事物都按照一定的規則在發生作用」。

在詩人、文學家和藝術家的生活中，母親的感情和志趣愛好，毫無疑問的會對她們的兒子產生極其重大的影響。格雷（Thomas Gray）、湯姆森（Thomson）、司各脫（Scott）、塞西（Sisi）、席勒（Schiele）和歌德（Goethe）等人的生活，就是典型的受到了他們母親的影響。英國詩人格雷，他的母親是個集友善、正直、博愛於一身的大愛至善的人，而他的父親卻是個過於苛刻而又很難打交道的人，格雷幾乎完全的繼承了他母親的品行。所以，格雷是位有些女性化的人，他靦腆、沉默寡言並且缺乏力量，但是，他在生活和人格方面是無可挑剔的。格雷的母親在被丈夫拋棄後，獨立的支撐著門戶。在母親死後，格雷把她葬在斯托克普吉斯，並且在為母親題寫的墓誌銘中，格雷稱她為「她是許多孩子需要的有著難得的細心與慈愛的母親，這些孩子只有一個不幸的比她活得長久」。格雷死後，根據他本人的意願，葬在了他母親的墓旁。

與席勒一樣，歌德也把自己的志趣愛好和品格，歸因於自己才華超群的母親。歌德自己說：「我從父親那裡繼承了體格

以及初涉人世的感覺，但我從母親那裡卻繼承了快樂的天性以及對快樂的想像力，並且一生受用。」歌德的母親生性活潑，洋溢著母愛的智慧，具有很高的激發小孩積極上進的品格，她常常以自己豐富的經驗教導孩子們要學會生活的藝術。有位熱衷於旅遊的旅遊家在和歌德的母親暢談一番後，說：「現在我明白了歌德是怎樣成為歌德的。」歌德本人對母親的感情極為深厚，並在自己的心靈深處留下了關於母親的美好回憶。有一次，歌德說：「她無愧於人生！」不僅如此，後來歌德到萊茵河畔參觀法蘭克福時，尋訪了那些曾與母親友善的人，並對他們表示了感謝。

阿里・謝弗（Ary Scheffer）非常熱愛自己的母親，這位畫家在自己的名作《比阿特麗斯，聖莫妮卡》和其他一些作品中，一次次的再現了母親迷人的風采。為了兒子執著的追求，這位母親省吃儉用，做出了極大的犧牲。也正是這位母親，鼓勵兒子從事藝術研究，才使得兒子堅定不移的走向了藝術生涯。阿里・謝弗的母親在荷蘭的多德雷赫特生活時，就將兒子送到利爾去學習，後來又送他去巴黎學習。當母子倆天各一方時，她給兒子的信總是飽含著母愛的忠告和女性的思念與感傷。有一次，她在信中寫道：「要是你能回來看看我，那該多好啊！我一遍又一遍的看著你的照片，親吻著照片上的你，眼淚總是忍不住的往下流，我呼喊著『我的寶貝』。或許等你長大了，為人父母時，你就會明白，有時候我使用長輩的嚴厲的言辭來訓斥你，使你感到痛苦，可是我自己心裡卻也要承受極大的痛苦啊！你要勤奮學習，但更重要的是，要使自己做一個謙虛和謙

遜的人。如果你覺得自己的技藝已高人一等，那麼，你可以拿自己在不同時期創造的作品，進行作品本身的客觀比較，看看你畫的畫是否真的栩栩如生；你還可以拿它和你心中的理想目標相對照，看看你們之間的差距有多大，這樣你就會做到心中有數。透過這種鮮明的對比，你就不會自我陶醉和自以為是，而這樣做對於你自己的藝術造詣，有百利而無一害。」

很多年以後，當阿里‧謝弗自己做了祖父之後，他還深情的回憶起自己母親的忠告，然後反覆的向孩子們講述母親一生的品德操守對自己的影響。因此，楷模的活力是會代代相傳的，正因為這樣，這個世界也就會更加新鮮、更加年輕。在《阿里‧謝弗的一生》一書中，記載了一則後來被世人奉為經典哲理的故事。西元 1846 年，阿里‧謝弗在向女兒寫信時，關於他自己母親的忠告又在他腦海中浮現出來，於是，他寫道：「親愛的孩子，『必須』這個詞，妳一定要時刻牢記，過去妳的祖母總是念念不忘。事實上，在我們的生活中，只有透過我們雙手的辛勤勞動，或者透過自我的犧牲，才能結出碩果，除此之外，別無他法。總而言之，如果我們想得到舒適和幸福，那麼我們就必須做出犧牲。現在，我已不再年輕，在我的一生中，很少有不做出犧牲就能得到的收穫。大多數情況下，我都是透過犧牲某一方面的快樂，才能獲得另一方面的滿足。因此，只有犧牲才能有收穫，這是智者的座右銘。基督耶穌就為我們後人做出了自我犧牲的表率。」

法國歷史學家麥克雷（McCrae），在他的一本最著名的著作《論教士、女性和母親》的前言中，提到了他的母親，引起

了當時社會上非常激烈的討論。他寫道：「寫到這裡，我不能不想起我的母親。她那頑強而又嚴肅認真的精神一直支持著我。三十年前她離開了我，當時，我還是個小孩子，然而，她卻一直活在我的心中，陪伴我走過了許多春夏秋冬。我現在很後悔，或者說是終生遺憾，在她生前，她和我一起承受貧窮的折磨，卻沒能和我一起享一天的清福。年幼的時候我無知，因此讓她很失望，現在我卻無法安慰她。我悲痛，那時的我實在太貧寒，我寒酸到竟然連替她買一塊墓地的錢也拿不出來，到現在，我甚至連她的骨灰在哪裡也不知道！我對母親心存感激，我深深的感覺到我是她的兒子。每時每刻，我都感到母親就活在我身邊，她一直活在我的思想和言語之中，她的音容笑貌一直活在我的言談舉止、舉手投足當中。正因為這樣，我懷念我的母親，我為過去流逝的歲月和所有只留下微弱記憶的東西而感到傷感。她已然不能再回來，我欠她的東西太多，怎麼樣才能給她一點點補償呢？因此，我寫了這本關於女性和母親的書，或許能聊表我的心意。」

　　然而，母親在替她作為詩人或藝術家的兒子的心靈給予良好影響的同時，也可能給他們產生極壞的影響。拜倫爵士（Lord Byron）就是一個典型的例子，他的恣意妄為、剛愎自用、目中無人、睚眥必報、性情暴躁，從她母親身上都有跡可尋。自從拜倫出生之後，他幼小的心靈就受到了他那自以為是、目空一切、脾氣火爆而且任性固執的母親的有害的影響。拜倫的母親甚至嘲笑拜倫的生理缺陷，母子之間經常發生激烈的爭吵，這一切，早已是拜倫家司空見慣的事。在拜倫逃離

的時候，他母親拿著火鉗或撥火棍，無所顧忌的向他猛擲過去。正是拜倫母親對他的這種虐待，造成了拜倫日後精神上的不健全。拜倫經常操心、焦慮、多疑，而且常常因為憤怒而肝火太盛，弄得自己體弱多病，這些不好的因素，就是他身上帶著他母親自小就留給他的那些毒素。因此，在他的一首詩中，他聲稱：「是的，我的思維應該少一點野性，我在黑暗中冥思苦想得太久，大腦已形成了旋轉不停的渦流，就像彎流般緊張過度。當初年幼，心靈未被馴服，然而生命的春天已被人毒害。」

以同樣的方式，雖然不是以同樣的道路，一位夫人的品格在她那位快樂的演員兒子身上也得到了重現。這位夫人雖然繼承了一大筆財產，但她很快就將這些財產揮霍殆盡，最後，她因欠人債務被關進監獄。在這種窘迫情況下，她寫信給兒子山姆，因為山姆曾經答應每年從他的演出費中拿出一百英鎊交給母親。「親愛的山姆，我已因債務而進監獄，快來幫助你親愛的媽媽。E. 福特。」對此，她的兒子山姆寫了封十分有特色的回信：「親愛的媽媽，我也和您一樣因欠債而入獄。因此，我無法履行作為兒子的義務，不能替我親愛的媽媽償還債務。山姆·福特。」

我們曾經談到華盛頓的母親是個極為優秀的生意人。具有這樣一種商業才能，不僅不與真正的女性氣質相衝突，相反，它是每一個家庭獲得舒適與安寧必不可少的要素。商業習慣不僅適用於商務活動，而且也適用於一切實際的生活事務，適用於一切需要安排、需要組織、需要準備和需要完成的事情。在

所有這些方面，對一個家庭的管理，就像在商業活動中對一個店鋪或一個事務所的管理一樣重要，它要求有正確的方法、準確、組織、勤奮、節儉、紀律、策略、知識和收支平衡的能力。而這一切，就是商業的本質。因此，商業習慣對於一個想在家庭事務管理中獲得成功的女人來說，與在貿易和商務活動中想要獲得成功的男人一樣，是必不可少的素養。

然而，迄今為止，認為商業和商業習慣僅僅只有男人才能勝任而女人無須關心的觀點，仍然十分盛行。例如，在數學知識方面，曾經有人說過：「教會男孩子算術，他就會成為一個男人。」為什麼呢？因為算術教給了他方法、精確、等值、比例和關係。但是，又有多少女孩能學好算術呢？這樣成功學好算術的女孩，簡直是鳳毛麟角。然而，倘若這樣的觀點仍舊十分猖獗，那麼，這樣做的後果，又當如何呢？當女孩成為了妻子，如果她對數學一竅不通，不懂得加減乘除四則運算，她就不會記下收入和支出，這樣一來，一個多子女的家庭就會出現一系列的煩勞和爭端。一個女人，如果不能在家庭事務管理中，學會運用簡單的四則運算規則，那麼她們的家庭就會出於純粹的無知，使得這個家過著奢侈的生活，久而久之，就會滋生貪婪、無節制，這樣一來，就有可能會危及家庭的安寧和舒適。

方法是商業活動的靈魂，在家庭中也是極為重要的。只有透過正確的方法，工作才能順利的完成。如果雜亂無章、毫無頭緒，不僅在商業活動中難以發展工作，而且在家庭生活中也會捉襟見肘、窮於應付。方法要求守時，這也是商業活動的一

個極為重要的部分。不守時的女人，和不守時的男人一樣，不受人喜歡。因為她耽誤和浪費了別人的時間，甚至讓人覺得自己在她心中無足輕重，不值得她動作敏捷一點。因此，對生意人來說，方法能節省時間，也能創造更多的財富。但是，對一個女人來說，方法不僅僅是金錢，它更是構成平和、安寧、舒適的家庭所必備的要素。

精明是商務活動的又一重要特質，對女人和男人同等重要。精明來自有修養的判斷，是實踐證明了的人類智慧。它指的是在任何事情中都要合情合理，遵守社交慣例，明智的判斷哪些事情應當去做，而且能清晰的決斷應當採取什麼樣的方法去做。不僅如此，它還要考慮收入、時間的節省以及做事的方法。如果一個人具有了知識作為強大的後盾，那麼這份精明他將比其他人更容易掌握。正是考慮到這些原因，為了使婦女在日常生活和工作中能得心應手，因此教給她們商業習慣是十分必要的。而且，女性作為孩子的護士、訓練者和教導者，她們需要文化修養來給予孩子們支持和提供精神能量。

一個母親為孩子提供的僅僅是一種本能的愛，是遠遠不夠的。因為本能，是低等動物都具備的，它不需要經過任何的訓練。但是，人類的理智，在一個家庭中是時時都需要的，而且它們需要透過教育來獲得。然而，上帝把一項最為重要的任務交給了女人，那就是撫育出體魄健壯的後代。女人們必須懂得，人的道德和精神屬性珍藏在肉體屬性之中。因此，她們的行動必須與自然規律相一致，她們對身體健康的祈禱，對精神和道德健康的祈禱，在家庭生活中，是可以透過她們自己的言

傳身教來獲得最可靠的保證。如果女人們不懂得這樣的自然規律，那麼，她們的母愛往往只能在小孩子的棺材裡才能得到回報。因為在一個國度裡，在出生的小孩中，大約有三分之一的小孩不到五歲就夭折了，這只能歸因於女人們對自然規律的無知，對人體構造的無知，對要使用純淨空氣、純淨水的無知，對保存和管理食品需要藝術性的無知。要知道，即使在低等動物中，寶寶的死亡率也不會有如此之高。

造物主賦予女人的理性和賦予男人的理性一樣，是用來應用和實踐的，而不是給她們毫無用處的裝飾，這是不證自明的道理。造物主賦予男人或者女人的這種理性的稟賦，也是有目的的。因為造物主贈送禮物雖然慷慨大方，但祂從不會鋪張浪費。

女人，並不是頭髮長見識短的一類專做苦工的人，也不是供男人閒暇時玩弄的美麗裝飾品，她不僅為別人活著，而且也要為她自己而活著。在生活中，女人們要認真負責的完成指定給她們的任務，這就需要她們不僅要有一顆善良的心，而且還要有一個有教養的頭腦。女人們的崇高使命，並不是要掌握那些轉瞬即逝的技能，倘若這樣的話，那麼她們在這方面浪費的時間可能會太多，雖然這些技能能在一定程度上增加小孩子們的魅力，也能使女人們更加嫵媚動人，但是，女人們會慢慢發現，這些自己教給孩子們的技能，在實際生活的事務中卻很少能派上用場。

古代羅馬人所崇拜的家庭主婦，是坐在家中紡織棉紗的人。在我們這個時代，有人說，標準的家庭主婦是：她的化學

知識只要懂得讓水鍋沸騰，她的地理知識只要能分清家裡的幾間房子，女性有了這麼多的「科學知識」就已經足夠。拜倫對女性的認同是非常有缺陷的，他聲稱女人的書架上只能有一本《聖經》和一本關於烹飪的書。拜倫的這種關於女性品格和教養的觀點十分荒謬，而且過於狹隘和缺乏理智。另一方面，有一種與之相反的觀點，也是時下非常流行的觀點，那就是女人應該盡可能的與男人一樣，平等的接受教育；男女只能在性別上加以區分；男女享有平等的權利和選舉權；女性可以和男性一樣為了地位、權力和金錢，進行凶殘而自私的競爭。這樣的觀點未免有些過分和偏激，但是它卻彰顯了人類社會的自然規律，強調了女性的重要，也提升了女性對社會的價值。

　　一般來說，對一種性別的小孩非常適合的訓練和約束，對另一種性別的小孩也同樣非常適合。向男人灌輸的教育和文化，對女人也是同樣有益的。事實上，我們提出的男人應受更高的教育的觀點，同樣可以用來為女人應受較高的教育辯護。在所有的家庭事務中，理智都會使女人變得更為有用和更有效率。理智會使女人思想深刻、辦事慎重，使女人有能力預防和應付生活中的偶發事件，提供給女人更行之有效的管理方法，使女人在各方面更有依靠和力量。倘若女人受到了理智的訓練，她們對一件事物的認識，就不會過於天真和盲目輕信，就會有效的防止受騙上當。如果女性能夠受到道德和宗教的薰陶，她就不會只受肉體感官的誘惑，才能有更大的力量和毅力抵制各種影響。假如教導女性自信和自立，她們就會發現家庭的舒適和幸福，是一切正義、理性、果斷的真正泉源。

第四章　論家庭教育

　　但是，對女性心靈和品格的教育，應該考慮到女性自己的幸福，而絕不應該只考慮到別人的幸福。這個問題很嚴肅，為什麼呢？因為如果女人被完全改變，男人們就不會有良好的道德品格。一個民族的道德狀況主要取決於這個民族在家庭裡所受的教育，因此，女人的教育問題就應該被當作是事關民族前途的問題。女人的道德純潔和智力修養，對於提高男人的道德品格和精神力量有著舉足輕重的作用。一個民族這兩種力量越充分，這個民族就會越來越和諧、有序、健康、穩定的發展。

　　拿破崙一世曾指出法蘭西最缺乏的是優秀的母親。換言之，他的意思是，法蘭西民族缺乏家庭的教養。而這一目標的實現，需要有善良、品德高尚和有理性的婦女來實施。實際上，第一次法國革命的爆發，已經充分說明了由於法蘭西民族忽視了女性的純潔給家庭帶來的良好影響，才導致了社會不可挽回的災難。當那場全國性的騷亂爆發時，社會已經充滿了邪惡，陷入了墮落，所有道德、信仰和美德全都被肉慾吞噬了。女人的品格已經腐化墮落，夫妻間的忠誠已蕩然無存，母愛變成了責罵喝斥，家庭和家族的倫理、尊老愛幼的道德已經被完全架空。整個法蘭西已經沒有了優秀的母親，她們的孩子變得毫無約束。正因為這樣，很多歷史學家都將法國大革命的爆發，歸因於「女人們的凶殘、暴力和道德敗壞的呼喊」。

　　博馬舍（Pierre Beaumarchais）所著的《費加羅的婚禮》一書，反映了上層社會和下層社會在兩性關係方面具有一致的道德水準，在法國大革命爆發後不久，這本書受到了數以萬計的人的推崇。為此，赫伯特·史賓賽（Herbert Spencer）在《社會

靜力學》一書中解釋道：「你可以任意對人們貼上『上層社會』、『中層社會』和『下層社會』的標籤，但是，你無法阻擋他們成為一個整體。因為他們具有同樣的時代精神、同樣的品格，以及同樣的商務邏輯。其實，大家都知道，作用力和反作用力是相等的，這個物理學規律也同樣適用於社會道德。一個人對另一個人的行為，不管是好是壞，這種行為最終會對兩個人都產生同樣的影響。只要讓他們發生關係，那麼，種姓的劃分、財富上的差異，都不能阻礙他們走向融合……個人對社會的適應，雖然要經歷一個較為漫長的過程，但是，卻使一個民族的品格趨向一致。而且，只要這種融合還在繼續發生，那麼，想人為的讓社會中的某個階層，在道義上不同於其他階層，是萬萬做不到的，也是愚不可及的。只要你發現哪一個階層墮落了，那麼，這種墮落的風氣就會向其他所有的階層蔓延，最終這個社會就會淪落到具有一致的極為低下的素養。也就是說，如果一個國家的一部分人感染了腐敗的病毒，那麼，其他的所有人也不能倖免。」

　　紀律、忠順、自我控制和自尊，這些優秀的品格，只有在家庭中才能學到。但是，法蘭西民族還沒有意識到這一點，沒有從慘痛中吸取教訓，依舊一意孤行，以致讓法蘭西人民一次又一次的陷入水深火熱之中，遭受著痛苦的煎熬。據說，拿破崙三世把法蘭西力量的弱小，歸因於民眾舉止的輕浮、缺乏自我約束力、太熱衷於肉體享樂，所以才導致了自己的國家在征服者的腳下呻吟和流血。不得不承認，拿破崙三世本人並沒有花天酒地、追求享樂，但是，法蘭西要想改變這種現狀，躋身

於世界優秀民族之林，那麼，它就必須像拿破崙一世所指出的那樣，在家庭中重視優秀母親的教育。

在世界各地，女人的影響都是一樣的。不管在哪個國家中，女人們的道德品格都影響著這個民族的道德、行為方式和品格。哪個社會的女人品格惡劣，哪個社會的品格也就惡劣；哪個社會的女人道德高尚、有教養，哪個社會也就繁榮、進步。

因此，對女人的教導也就是對男人的教導；對女人品格的昇華也就是對男人品格的昇華。國家只不過是家庭的結果，民族只不過是母親的結晶，所以，女人精神的解放是整個社會精神解放的延伸和保證。

毫無疑問，透過女人的教導和淨化，一個民族的品格才會不斷的得以昇華。但是，讓女人從事商業和政治等粗糙的活動，讓女人與男人進行激烈的競爭，這樣做到底會有多少價值很值得懷疑。因為男人難以勝任女人的特殊工作，然而，女人更難以從事男人的特殊工作。如果在一個地方，那裡的女人退出了家庭而從事其他活動，其後果必定會帶來社會性的災難。實際上，近些年來，一些優秀的慈善家正在致力於讓女人從煤礦、工廠、製釘工廠和磚廠等男人從事的工作中退出來。

在北方，丈夫在家閒得無聊，而妻子和女兒卻在工廠勞動，這種倒行逆施的情況非常普遍，而這種情況往往持續越久，對整個社會就會產生更為嚴重的惡果，它們會造成家庭秩序、家庭約束和家庭規範的完全瓦解。為什麼呢？因為工廠制度，不管它怎樣增加了國家的財富，但是它對我們的家庭狀況

產生了極其有害的影響。它的存在，會使妻子離開丈夫，孩子離開父母，尤為突出的是，它降低了女人的品格。一個女人，履行家庭的職責才是她應該承擔的義務，這其中包括家庭事務的管理、對孩子的教養、對家庭經濟的安排、對家庭需求的滿足。但是，工廠制度卻使她無法履行這些職責，家庭已不再成為完整意義上的家庭，孩子們受到了前所未有的忽視，變得毫無教養。女人們美好的感情變得麻木遲鈍，她們不再是男人溫柔的妻子、伴侶和朋友，而是他們的勞動夥伴和做苦工的夥伴。

女人們公開露面，使得端莊淑靜的思想和行為消失得無影無蹤，因而，良好的美德也就喪失了忠誠的護衛，漸漸隱退。由於缺乏判斷能力或正確的原則指導，工廠裡的女孩過早的獲得了獨立感，她們時時準備擺脫父母的約束離家出走，加入同伴們的邪惡活動。她們所生活的物質氛圍和精神氛圍，激發了她們動物般的本能，不良的影響像瘟疫一樣在她們當中蔓延，災難正在不斷的擴大。正因為如此，許多年之後，在巴黎出現了這樣一種情況：一些婦女要求在男人們中間發揮作用，她們要求參加商務活動，開辦時裝用品商店，而男人們卻被擠得只有到林蔭道上去漫步。男人和女人這樣顛倒的生活，其結果只得讓更多的男人們無家可歸，變得憂鬱和墮落；女人們變得專橫跋扈、鉤心鬥角、唯利是圖，從而使得家庭支離破碎，毫無溫馨可言，而整個民族也會在這種金錢萬能、道德不復存在的環境下，慢慢走向衰落。

我們不要被這一觀點所迷惑，那就是讓女人參加政治活動

第四章 論家庭教育

是社會進步和發展的保障,這一觀點簡直是無稽之談。然而,目前仍然有許多人認為,給予女性「公民權」和「選舉權」會為社會帶來無窮無盡的好處。針對近些年關於選舉權的反覆叫囂和連續不斷的爭吵,法國一位諷刺作家在西元 1870 年指出,我們很可能就會進入這樣一個時期,任何人,不論男女,他們在禱告時的唯一一句禱告詞可能是:「給我們每天選舉的日子吧!」這裡我們沒有必要討論這個問題,我們只要指出這樣一個事實就足夠了:女人雖然沒有政治權力,但是她們透過在家庭生活中所運用的權力而得到了補償,因為不管是男人還是女人,不管是在這個世界上從事男人的事業還是做著女人的工作,在家庭中,無一例外的都要接受女人們的訓練。

激進派的邊沁(Bentham)曾經說過:「一個男人,想要讓女人遠離權力是不可能,因為女人透過遙控家庭已經統治了整個世界,儘管女人是用愛來行使這種權力,但是她已然擁有了一個專制君主享有的一切權力。」《道義學》第二章記載道:「母子關係比父子關係,有一種更基本、更必不可少的絕對優越性。即使人們很少把母子關係作為引用的對象,但一旦從援引的人口中說出,那麼,它就比父子關係更徹底、更有震撼力。羅伯特·菲爾默(Robert Filmer)認為,每一個國家,它的君主政治權力的基礎和根源,就來源於眾多家庭裡父親對子女的絕對權力。換句話說,一個國家可能會把對一個女人的絕對支配,當作是政府的唯一合法形式。

選舉權只是用來選舉國會議員或者立法者,這種權力相比於女性們所擁有的權力而言,簡直是滄海一粟。因為女性們對

於一個民族、一個家庭而言，她們身上扛著塑造整個人類的品格、鍛造整個民族的靈魂的責任。

　　然而，在女性的工作中有一個帶有特殊使命的工作，那就是分管如何節約和儲備人類的食物。這項工作，雖然至今仍然被社會忽視，但是需要引起所有真正的宣導女性改良主義者的熱切關注。目前，由於人們缺乏最基本的烹飪知識，造成了極大的浪費，這是可恥的。如果說男人們被認為是種族的保護人，因為他們有能力使得原本只能生長一穗玉米的地方，現在能生長出兩穗玉米；那麼，女人們應該被認為是整個公眾的保護人。因為她們有一項這樣的特殊機能，那就是能更經濟的使用和充分的利用食品。因此，有效的使用已有的資源也就等同於擴展了當前的可耕種土地面積，女人的這一本事能與男人相當。可是，女人還有一種本事，那就是她們能管理好食物，做到增進健康、厲行節約，自然也能維持家庭的幸福了。如果那些婦女改良主義者能在這方面勤勤懇懇的做出努力，她們就會贏得所有家庭的感激，就會被視為實際生活中最偉大的慈善家。

第五章
論教育改革的目標

第五章　論教育改革的目標

　　上個世紀，儘管我們在科學發現和生產增長方面獲得了輝煌的成就，但是在精神方面卻是失敗者。精神上的失敗造成了令人悲哀的結果，詩人克拉夫[11]因此心碎，卡萊爾[12]從一個思想家變成了一個當眾謾罵的人，而馬修·阿諾德[13]則從詩人變成了一個散文作家。

　　失敗的祕密在於推動人類發展的多種強大力量之間失去了連結，不能再相互提供支持。藝術和工業失去了至關重要的關係，工作脫離了樂趣，政治經濟學與人的道德發生衝突，科學與宗教勢不兩立，行動與思想不相符合，存在與外觀大不一樣，最終的結果是：個體被認為所具有的權利和利益與社會權利和社會利益發生了激烈的衝突，而事實上本來是社會的組成成分的個體卻站出來反對這個社會，它的對立情緒有時非常強烈，某個偉大的思想家也許可以就此寫出一部題為《個人對抗國家》[14]的書來。結果，國家分裂相互對抗，勞工對抗資本家，

---

11 克拉夫（Arthur Hugh Clough，西元 1819～1861 年），英國詩人、教育家。代表作：《托布納利奇的小屋》、《不要說鬥爭是徒勞無益》等。

12 卡萊爾（Thomas Carlyle，西元 1795～1881 年），蘇格蘭評論、諷刺作家、歷史學家。他的作品在維多利亞時代甚具影響力。代表作：《英雄與英雄崇拜》、《法國革命史》、《衣裳哲學》、《過去與現在》等。在《英雄與英雄崇拜》中提出「歷史除了為偉人寫傳，什麼都不是」的觀點。西元 1865 年被任命為愛丁堡大學校長。

13 馬修·阿諾德（Matthew Arnold，西元 1822～1888 年），英國詩人、文藝評論家、作家和教育家。代表作：《多佛海灘》、《文化與無政府主義》、《論新秩序下的教育》、《凱爾特文學研究》、《馬修·阿諾德詩選》等。

14 《個人對抗國家》（Man versus the State），英國哲學家、社會達爾文主義之父赫伯特·史賓賽的代表作。

城市對抗鄉村，性別對抗性別，孩子從內心對抗父親，教會與國家進行爭鬥，最糟糕的是，教會之間也在相互爭鬥著。

整個社會的不和諧不可避免的在教育領域得到了反映。國家的初級學校被分成相互衝突的兩大族群，一道不可逾越的的鴻溝將其分隔成了文法學校和中學，而文法學校反過來一面與公立學校相隔絕，一面又與藝術學校、音樂學校和技術學校相隔絕。他們之間失去了凝聚力，沒有共同努力，沒有相互支持，沒有長遠的發展計畫，也沒有在思想上達成共識。

這一事實本身足以說明 19 世紀西方文明的效率低下、意志消沉、言行虛偽、持續動盪等特徵。如果人類的生命之樹將其龐大的生命力耗費在相互進行戰爭上，又怎麼可能會開出鮮花，結出碩果，消除國家之間的分歧呢？

假如要想從展現在我們面前的這個世紀獲得什麼不同的體驗，那麼就必須借助教育的力量才能使其做出改變。教育這門學科所研究的是世界未來的發展前景，其他學科研究的則是事物的本來面目，將其發現的規律性的東西系統的進行闡述，然後制定成法律規章予以推廣。教育總是將目光鎖定在未來，而各式各樣的哲學則按照教育的路線直接勾勒出了理想國的輪廓。

因此，教育的目標必須要有高度，也必須要有寬度，而且必須與生活密切結合，共同擴散。教育的進步需要全社會的努力，必須要沿著整個陣線展開，而不能僅僅局限在一個小的部

第五章　論教育改革的目標

門。畫家威廉‧莫里斯 [15] 在作畫時總是會提及，讓他感到煩惱的通常是畫框；如果有什麼東西受到了畫框的約束，脫離了生活，那麼他就無法進行作品的構思。正如威廉‧莫里斯希望將生活的全部都畫出來一樣，教育也有同樣的希望。教育不能被局限在某個框框裡，從大的方面與政治穩定和社會安康分離開來；生活的方方面面與教育都是密不可分的。教育的本身並不是一個末端，最多是面對每一個個體；教育會對個體產生作用，但是最終透過個體又會對團體產生作用，它的目標與正常秩序的人類社會所追求的目標並無二致。

為了應對這些條件所規定完成的任務，教育必須免費，新的時代需要新的教育。就目前的情況來說，我們應當將在教育中占有優勢地位的一些傳統做法列成清單，然後逐個接受挑戰，好的傳統必須要保留，要麼就進行吸收或同化；衰落的傳統必須報廢，並徹底丟棄。在現有方式下存在的教育行政機構也不能被認為是理所當然就應當存在的；除非他們能夠展現出強大的適應能力和發展能力，藉此表明自己還有活力，還沒有死亡，否則的話，這樣的機構也必須被撤銷或者拋棄 —— 而老傢伙們是喝不慣新酒的。教育必須重新獲得它在文藝復興時期所擁有的的東西 —— 導向的力量。教育必須為自己的命運做主。

---

15 威廉‧莫里斯（William Morris，西元 1834 ～ 1896 年），英國藝術與工藝美術運動的領導者之一。世界知名的家具、壁紙花樣和布料花紋的設計者兼畫家。他同時是一位小說家和詩人，也是英國社會主義運動的早起發起者之一。

第五章　論教育改革的目標

　　此外，如果想要將教育當成一種力量，用來促進合作，避免衝突，那麼它本身就絕不能自相分裂。教育必須永遠的拋棄分裂行為和勢利行為，消除內部的誤解，不能再像學究和政客那樣熱衷於口誅筆伐的論戰。為了鼓勵和刺激從幼稚園到大學的整個教育行業的發展，新的團結一致的意識必須要從現在開始培養，並最終促使教師註冊委員會建立，依託這個組織，教育的各種類型以及各種狀態都能夠得到完美的展現，就這一點而言，教育在未來還是大有希望的。

　　追逐物質利益的人及時的看到了自己的機會。他們向文學教育這個老的傳統形式發起了挑戰，強烈要求開設自然學科課程。但是他們在我們面前規劃出來的目標卻坦白的顯示，他們的目的就是獲取財富；在他們所描繪的未來世界裡，為了獲取市場和商品，國與國之間必須展開激烈的競爭。因此，物質主義實際上是在挑戰古典文學，但同時又接受了過去那種追逐私利的想法，而且還接受了為了利益而產生的衝突和爭奪，他們認為這是未來國民生活中不可分割的一部分 —— 例如勞工對抗資本家、國家對抗國家，人對抗人。如今，真正的科學頭腦的首要特徵就是從經驗中學習的力量。真正的科學從來不會把同樣的錯誤犯上兩次。顯然，重複過去的結果歸根究柢會變成重複現在，而這正是教育一直在努力抵制的東西。物質主義者忘記了三個突出而又明顯的事實。第一，自然科學並非知識的全部，因為「自然科學」（就其有限的意義來看）所涉及的只不過是我們目前所發現的自然現象。第二，洞察力對道德品格、同情感和公平感的依賴並不沒有那麼強烈，洞察力需要一個人

自身的知識以及他的同胞的知識，同樣還需要對自我的約束。卡萊爾說：「心裡沒有一個清晰的願景，頭腦中怎麼可能形成任何清晰的遠景？」古代的哲學家則說：「如果一個人的靈魂尚未開化，那麼他的所見所聞都不能成為好的證據。」第三，過去一代人的悲劇證明，財富並非沒能得到累積；在這方面，他們所獲得的成功已經遠遠超過了以往任何一代人。而 19 世紀的悲劇恰恰在於，當人們獲得了龐大財富之後，並沒能形成清楚的觀念；不管是個人還是團體，他們都不知道怎樣更好的利用這筆財富。

然而，人文學科學院會從兩個方面來看待這個問題：他們不僅觀察表面世界，也留心尋找著精神世界；事實上，他們是同時在關注兩個世界的交匯點。物質至上主義是錯誤的，但並非因為這個理念所涉及的只是物質上的事物，而是因為物質主義「全心沉迷於追求物質的需求與欲望」。這種學說在教育中也是錯誤的，因為從成年人的角度來看，它使物質產品本身變成了極為重要的東西。在每一個正確的教育觀念中，我們都應該把孩子放在中心地位。孩子對事物感興趣，希望儘早感知事物，或者就像德國學前教育家福祿貝爾 [16] 所說的那樣：「把外在的變成內在的。」孩子想和自己所見到的東西一起玩，建造或搭拼這些東西，並且沿著這種「向內推進」的路線成長，教育

16 福祿貝爾（Friedrich Wilhelm August Fröbel，西元 1782～1852 年），德國教育家，被公認為是 19 世紀歐洲最重要的教育家之一，現代學前教育的鼻祖。他不僅創辦了第一所稱為「幼兒園」的學前教育機構，他的教育思想迄今仍在主導著學前教育理論的基本方向。代表作：《人的教育》、《慈母曲及唱歌遊戲集》、《幼兒園教育學》等。

第五章　論教育改革的目標

的過程必須對這一現象展開行動。「實物學習」，如果可以這麼稱呼，其實已經被引入課程，例如園藝、手工課（使用的材料是硬紙板、木片和金屬）、烹飪、繪畫、做模型、玩遊戲、演戲等，這些活動後來確實得到了使用，而且主要是出於功利的動機，它們已經被嫁接在原始的樹幹上，雖然一開始的時候它們被認為是可拆分的附加課程，但是它們很快就被證明是真實教育過程中的系統組成部分；它們已經對其他的課程形成了影響，而且在教育的早期階段成為學校或幼稚園的主要課程。同樣的道理，職業教育在教育的末期對高年級學生的影響也變得越來越大。這是所有相互關係中最重要的部分，也就是學校與社會的連結。

　　但是，孩子們對事物的興趣卻是社會性的，透過接觸人類的原始職業，他們逐漸踏入種族的傳承，累積起更豐富、更充實的個人經驗。能夠贏得學生們興趣的科學並不是按照符合邏輯的、抽象的觀點所呈現出來的科學。孩子獲取知識的方式和人類是一樣的 —— 他們在職業體驗過程中會遇到很多的困難，為了克服這些困難，他們不得不動起腦筋；他們能夠獲得發現，他們能夠進行試驗，因此思想能夠影響職業，職業能夠影響思想，而正是出於這種互惠的行動，科學才得以誕生。同樣，他們所起的作用也是社會性的 —— 依然是在他們的行業中，他們開始進入種族的傳承序列，在從事自身職業的過程中，他們不知不覺的學習著所有藝術中最偉大的藝術 —— 與他人一起生活的藝術。與在學校完成作業一樣，在他們的遊戲中，自然發育的路徑顯示了他們如何才能被訓練得能夠跟上人

類前進的步伐，適應社會的發展。

　　與偉大的人類進步運動進行合作，需要很強的適應性和敏捷性 ── 全面的身體適應性，思想與精神的敏捷性，它們所提供的所有這些準則都能夠在現代教育裡融合和調解這兩大不斷增強的趨勢。

　　首先，存在著自我表現和自我發展的運動 ── 假定學者們在思想上和行動上比以往擁有有更大的自主指導權 ── 這場運動的主要代表人物是義大利女教育家蒙特梭利 [17]，她發出了「是什麼，可能是什麼」的口號；這場運動首先從幼兒園開始，接著在很多中小學得到了回應。伴隨著這場運動，全面發展學生們在學校社團生活的運動也蓬勃興起。這場運動訓練學生把學校放在了思想上的首位，訓練他們為所屬的社會而生活，並在社會的安康中找到個人的安康。從維多利亞時代的詩人和評論家阿諾德開始，直到現在，這一理念在公立學校的遊戲中一直都得到了執著的培養，並且在那個有限的範圍獲得了良好的成果；這一理念至今還被用來開發學生的自治能力，並且在一位美國心理學家開辦的「小共和國（兒童感化院）」中得到了最充分的表現，最終獲得了顯著的成功。但是，我們正在逐漸認知到它的一種更為廣泛的應用，它能夠改變運動場上活動的精神，也能改變課堂的氣氛，它可以在伊頓公學、拉格比公學或哈羅公學這樣的學校得到應用，無論是對於男孩子還是

---

17 蒙特梭利（Maria Tecla Artemisia Montessori，西元 1870 ～ 1952 年）義大利醫生、教育家。蒙特梭利教育法的創始人。代表作：《蒙特梭利兒童教育手冊》、《童年的祕密》、《發現孩子》、《有吸收力的心靈》等。

女孩子。

這兩場運動相互交匯，相互補充，更精確的說是相互間取長補短，其目的就是讓學生們充分自由的發揮自己的潛能，在社會生活中能夠變得更充實、更有力量。歸根究柢，我們對於個性的最好定義就是「與人互動的能力」，而且只有在社會環境中，個體才能夠真實的實現自己的抱負。除非個體能夠作為社會的一員去行使自己的職責，不然的話就會演變為行為古怪、喜歡負面批評、憤世嫉俗、冷漠無情的「菁英人物」。另一方面，缺少了個體的自由發展，生活的組織就會演變為靈魂的死亡。普魯士的例子已經證明，群眾心理是如何被巧妙的操縱並應用於險惡的目的。不過，這兩種相互補足的運動在學校的新生活裡被結合到了一起，這對於我們的民主政治而言是一個令人愉快的預兆。英國的孩子對這兩種呼籲都非常敏感，一個是對個人自由的呼籲，一個是對團體合作生活的呼籲。圍繞著這兩個保健站，新制度的形式會逐步成型並開始發展。

這種新的制度形式必須是成長，而不是建造。身體不是建造在骨架上的，骨架也不是靠身體的生長才分泌出來的。教育的希望在於了解生存法則中願望形成的原理與熱情產生的原理，這樣的理念需要全力以赴的進行完善。眼下，人們本能的懷疑任何計劃出來的東西。有些人很有組織能力，他們隨時都可以坐在桌子前面，按照固定格式寫出一份完整的教育重建方案──只要提前兩天通知他們就可以了。他們會吸收我們目前已經擁有的資料，並且充分利用，毫無疑問，重新安排、重新巧妙的處理這些資料，盡他們的所能將事先準備好的內容全

都用上。他們能夠輕鬆的將整個計畫都設計出來，結果他們做出來的東西當然是毫無生氣的，而且非常的呆板。這種計畫往往是靜態的，層次化的，不具備任何向上的活力。這不是解決問題的方法。教育應當是精神文明的產物，充滿生氣，亞里斯多德如果還活著，也許會這樣說 —— 利用的資源並非教育本身，而是「看不到的，但是其功能卻在增加」。而且，教育在它成長的過程中，自身會採取這種外在的形態，就像滿足自己內在活力的目的一樣。新的精神要想發揮作用，形成一定的形式，至少要花上六年的時間。

但是，這並不意味著不經過艱難的、有目的的思考和富有耐性的努力，它就一定能夠到來。教育的「發生」與「藝術發生」並不是一回事 —— 而且，與中世紀的藝術作品一樣，教育並不是因為出現了幾個天才人物才擁有了獲得健康狀態的機會，而是因為普通勞動者的恰當訓練以及他們對工作的愛。教育是一種精神上的增進，就像精神方面的事物，它的出現需要透過耐心的善舉，透過最高目標的集中，透過不斷的利用精神世界裡那些取之不盡的資源。這些資源的至高無上的「製造者」就是詩人，他們擁有高超的洞察力。至於這些資源的「管理者」，他們的任務與以往不同。他們負責觀察實驗，為實驗提供幫助，並預防自由的濫用，這不是為了保持一致性，而是為了選擇變化。但是他們所操縱的力量，就如同喬治·梅瑞狄斯 [18] 所說的，「是天生的障礙賽馬騎手飛躍普通障礙的力量。」

---

18 喬治·梅瑞狄斯（George Meredith，西元 1828 ～ 1909 年），英國維多利亞時代詩人，小說家。他的詩歌多取材現實和個人經歷，真誠的表達著自己

第五章　論教育改革的目標

　　明天存在機會，今天就要為明天的機會做好準備。昨天的理想已經成為今天切實可行的政治主張。就像他們以前從未做過的那樣，我們的同胞現在已經承認，建設國家的重中之重就是教育問題。借用樞機主教、人文主義者費希爾[19]的話說：「一個國家未來的幸福安康取決於這個國家的學校。」直到今天，人們還沒有把幾百萬人的教育問題放在心上，但是從幾年前開始，這些問題似乎就已經堵塞了進步的道路。與此同時，最近三年的戰爭磨練已經讓我們的頭腦形成了一種新的觀念，這種觀念使我們重新認知到了民族團結和社會責任的重要性。但是，隨著團結一致的人民在這個時候把全部的力量都集中到戰後重建工作上，擔負起我們所面臨的職責的任務也變得更加緊迫，更加需要我們萬眾一心，因為整個國家的力量必須集中在生活的建立上面。生活的建立不僅僅是精神上的需求，更是經濟上的需求，那些最深刻的洞察了經濟形勢需求的人，他們確信，工業生產和商業發展是人們的根本問題，但如果沒有新的「合作與友愛」觀念，我們就無法找到解決問題的方法。

　　這就是我們的需求，這就是我們的任務。英國比以往任何

的悲傷與快樂；他的小說如《比尤坎普的職業》、《利己主義者》和《十字路口的戴安娜》以其結構嚴密，人物形象鮮明，對話精彩獲得了評論家和讀者的一致歡迎；他對喜劇創作的論文是喜劇理論上的重要文獻；他作為審稿人給年輕作家的建議和對他們作品的評論影響了很多作家。

19 費希爾（Saint John Fisher，西元 1469 ～ 1535 年），英格蘭羅馬天主教主教、樞機和殉道聖人。他與聖湯瑪斯·摩爾（Saint Thomas More）共用羅馬天主教會的 6 月 22 日和英格蘭教會的 7 月 6 日為他們的聖日。費希爾由於在英格蘭宗教改革中拒絕接受亨利八世成為英格蘭教會的首領，並且支持羅馬教宗才是大公教會的權威首領而被亨利八世處決。

時候都要加倍的關心教育，它的教育目標必須具有相當的高度和寬度，高度應當超過財富，寬度應當越過國界。只有向全體國民灌輸相同的精神，教育的目標才能夠實現。教育就像金融一樣，必須著眼於世界和平，根據國際上的共識，按照國際航線來制定航程。只有這樣，已經朦朧的出現在地平線上的終極目標才能夠最終被實現。

　　這樣的時代正在來臨，
　　如同撬動地球的一根槓桿，
　　將世界引入另一條軌道。

第六章
論推理能力的培養

第六章　論推理能力的培養

　　教育的理想狀態，是我們把所有與我們相關的、我們應該知道的事物都學會，以便於我們可以因此而成為一個有用的人。換句話說，教育的目標是教給學生如何獲取知識，不是教給他們具體的知識，而是教給他們如何認識知識的價值。所謂的價值，就是我們應當如何看待客觀事實之間的相互關聯，以及它們與我們的關係。聰明人往往能夠明白事物的相對價值。在這種知識裡，還有運用知識的過程中，人們所有的生活準則得到了全面的概括。為了自身的緣故，究竟哪些事情是值得我們去努力奮鬥的？為了贏得想要的東西，我們可以付出怎樣的代價呢？既然我們不可能擁有一切，那麼我們必須心甘情願的捨棄哪些東西？人們感興趣的事物多種多樣，人們對所從事的工作的目標也各有不同，我們應當從中做出最好的選擇，這樣一來我們的活動可以對別人有幫助，又不會妨礙到別人，而且，我們的生活或許能夠形成一個統一的整體，或者至少形成一個中心，圍繞著這個中心，我們的從屬活動也可以組合成一個整體。人們對此可能會提出疑問，說誰都渴望美好的生活，但是誰又能夠按照合理性原則來規劃自己的生活呢？什麼樣的環境和境遇允許我們自主的選擇職業？我們當然渴望了解自身、了解世界，以便在自己短暫的一生中為這個世界做出自己的貢獻並且得到相應的回報，以最佳的形式來實現自己的人生價值。

　　大多數英國人都接受了這種教育觀點，而且我們還會進行補充——生活的經驗，或者我們也可以將其稱為「對世界的認識」，是我們實踐自己智慧的最好的學校。然而，我們並沒

有將實用的智慧放在與理性生活等同的地位，而是將其與我們稱為常識的經驗主義的東西混為一談。幾乎是所有的階層，都存在著一種對思想觀念極度不信任的態度，而且通常會達到柏拉圖所說的「辯論嫌忌（仇視推理）」的程度。正如一位主教所說的，英國人不僅僅是沒有思想，英國人遇到某一種思想觀念時，往往會表現出仇視的樣子。如果有人依據第一原理作出了判斷，我們往往會低估他的意見。我們會覺得自己已經觀察到了。比如說在高層政治中，所有無法挽回的錯誤都是由那些熱衷於邏輯推理的理智主義者犯下的。我們寧願把自己的命運交給那些誠實的機會主義者，因為他們憑著某種直覺就能看出下一步應該採取什麼措施，所以，除了事實本身的邏輯性，我們根本不關心事物之間的必然關聯。正如亞里斯多德所說，推理能力「什麼都移動不了」；推理能力可以用來分析或綜合處理某些給定的資料，但是我們只能在將這些資料與時光的流逝和變化的情況隔離開以後才能進行。這種能力可以將具體情況轉化成無生命的抽象概念，可以在觀察現實情況的同時進行數字計算。我們國家的經歷強化了我們對於邏輯學的偏見，而且不願意將邏輯性當作行為的準則。英國人並非頭腦反應迅速的民族，憑藉著某種直覺，湊巧採取了正確的行動步驟，然後在某些方面獲得了成功，這樣的天賦主要是某些美德的結果，只是我們在實踐中並沒有考慮這些美德，例如公正、忍耐和節制。我們認為——真的認為——這些品格由始至終都是拉丁文化國家所需要的，在理智上保持清醒，在邏輯上遵從一般的原則，並與一般原則保持一致，他們因此而感到自豪。近代哲學

第六章 論推理能力的培養

對這些宣導普通常識的「實用主義者」無恥的宣稱自己信奉實用主義的行為持鼓勵態度；邏輯思維能力遭到了毀謗，直覺的能力受到了頌揚。許多人對我們說，直覺的引導比起推理來要更為可靠；因為直覺可以在遇到某些情況時直接發揮出關鍵的作用，而且往往在直覺已經開始生效的時候，推理還處在辯論的過程中。很大程度上，這種新的哲學理論所鼓吹的是一種反對進步、反對傳播知識的蒙昧主義，或者說是一種愚民政策。美國哲學家、實用主義的宣導者威廉‧詹姆斯（William James）和法國哲學家、現代非理性主義主要代表人物柏格森[20]，之所以有的人在大街上鼓掌 —— 歡迎他們的學說，是因為他們不喜歡哲學和邏輯學，而是重視意志、勇氣和感情的力量。我們經常稀裡糊塗的混日子，想當然的認為，也許我們缺乏才智，但是自有上帝賦予我們美德，因此我們一直都默默的承認自己是西歐地區受教育最差的民族。

就這樣，我們讓自己的國家在國際競爭中處於不利的地位，例如在化學方面比德國略遜一籌，至於高科技和農業方面，我們幾乎落後歐洲大陸的每一個國家 —— 我可不希望自己的心裡總是為了這些事情而憂慮。我們正從這些事情中吸取教訓，而且不太可能會忘記。這是由於我們精神上的缺失所造成的，因此需要更充分的去認識它。首先，在大多數英國人的生活裡，除了受到相應的「義務」的召喚，往往對於自己做事

---

20 柏格森（Henri Bergson，西元 1859 ～ 1941 年），法國哲學家，以優美的文筆和具豐富吸引力的思想著稱。1928 年，獲得 1927 年度的諾貝爾文學獎。代表作：《物質與記憶》、《創造進化論》、《心力》、《思想與運動》等。

的目的缺乏周密的考慮，而所謂的「義務」在我們懂得自己的義務究竟是什麼的時候就變成了空洞的理想。手段和目的的相互混淆在這個國家是極為常見的，可以肯定的是，這樣的例子隨處都可見。因非理性累積的熱情就是這種錯誤的一個例證，因為它會給社會帶來最嚴重的不便。社會上的一些人，有機會透過獲得更多的財富來滿足自己的欲望，並且養成了奢靡無度、縱情享樂的習慣；由於貪的本能，他們無節制的放縱也在極大程度上對社會造成了不公和苦難。然而，不管多麼自私，也沒有哪個人，會將自己所有的時間，都用來在經濟上去剝削他的鄰居來累積更為富足的財富；也許他永遠都用不上這些金銀財寶——不管他做出了什麼樣的生活相對價值的估算。從另一種觀點來看，把做生意當成一種比賽並沒有什麼錯，我們的國家把體育比賽的道德標準應用於國際事務，也獲得了極大的好處；我們的錯誤在於為比賽而活，不管碰巧是商業還是足球。我的一個朋友曾經勸誡約克郡的一位製造商，這個人的年齡雖然已經很大了，但仍然辛勤的做著一些沒必要的工作，而目的就是為了讓自己那個揮霍無度的繼承人有錢花。這位老人回答道：「如果我賺了 100 萬，那麼就拿出 50 萬來給他花；只要能夠讓他高興，我是不會心疼錢的。」這不是真實的守財奴或者拜金主義精神；這其實是天生的理想主義者的精神，從教育方面上看，他們缺乏理性的善惡標準。如果由這樣的人來對教育事業進行干預，他肯定會站在所謂的實業家的立場上，因為他無法理解生活更高的價值。他希望將知識和智慧轉化成創造財富的工具，或是用來作為改善窮人物質生活條件的方式。

但是知識和智慧卻接受如此的對待。就像善與美，智慧是一種絕對值，一種神聖的理念。劍橋大學的一位「柏拉圖派」人士就曾經說過，我們絕對不能讓教師在情感和意志上變成《聖經》裡的基遍人，被約書亞[21]告知去替以色列人劈柴挑水、做苦工。智慧必須要因為它自身的緣故而被尋求，否則我們就無法找到它。「辯論嫌忌」的另一個作用是對我們合理的同情進行貶低，將其說成「感情主義」，它將疼痛視為最糟糕的罪惡，總是試圖去除愚蠢的效應與罪行的影響，卻從來不對原因進行調查。這種感情主義表面上經常是和藹的，但實際上卻是很殘酷的，而且經常是對誠實的彼得[22]進行搶劫，然後為不誠實的

---

21 約書亞（Joshua），天主教稱若蘇厄，是《舊約聖經》記載的一位希伯來人領袖。據《聖經·申命記》所載，約書亞接續摩西成為以色列人的領袖，帶領以色列人以米甸為起點，攻進神所應許的迦南美地。摩西則因上帝未允許進入而在迦南之地外逝世。最初於埃及出發的以色列成年男子，僅有約書亞、迦勒二人活著進入迦南，其餘出生於埃及的以色列男人均因不停抱怨而死於曠野途中。其餘進入迦南的以色列人，均於曠野出生。在約書亞的領導下，以色列人在許多戰爭中贏得了輝煌的勝利，占領了以色列地區一帶土地，也就是古代迦南人、赫人、亞摩利人、比利洗人、希未人、耶布斯人所居住的地方，是流奶與蜜之地。約書亞由於是以色列的民族英雄、因此後來許多猶太人將子女命名為約書亞。「約書亞」是希伯來文名字，即希臘文的「耶穌」，意思是「耶和華救主」或「耶和華救恩」。約書亞預表主耶穌；他將以色列人領進迦南美地，乃是預表耶穌把神的子民帶進安息。

22 彼得（Peter），本名西門巴約拿，後被耶穌改稱為磯法。是安得烈的哥哥。彼得原本是性情急躁的漁夫，十二使徒中常常由他帶頭說話。耶穌被補的那夜。彼得用刀砍了大祭司僕人的耳朵。他曾三次不認主，但是並不影響他受主的重視。耶穌復活後曾三次查問他愛主的心，並三次叮嚀他：「餵養我的小羊。」五旬節時，他一躍成為一百二十人的領袖並公開傳講訊息，是教會史上最有活力的一篇講章（使徒行傳第二章），感動數千人

保羅 [23] 來還債，不需要做任何的論證。

感情主義不相信防病重於治病，但務實的政治家們卻清楚的知道，在這個國家，根本談不上用科學的方法來對待社會的弊病。至於其他人，則變成了俗氣的狂熱者或者盲信者，他們眼界狹窄，崇尚暴力，根本無法理解這個世界。這種罪惡的根源在於，比較高階的價值觀會涉及很難被大多數人所接受的範疇，而他們對知識財富卻一無所知。一個國家真正的財富在於它無法衡量的財產 —— 在這些財產裡面，一個人的收穫不是由於另一個人的損失得來的。取之不盡的寶藏是免費向所有人開放的，只要他們能夠透過良好的智力訓練課程，這些財富完全可以根據自身的能力創造出來，並為己所用，而且我們不會

信主。此後，他不但是使徒當中第一個行神蹟的（徒 3:1-4）。耶穌又賜給他傳福音、講道及領袖的魅力。在使徒行傳第十章，他從神領受了特別的啟示，在異象中領悟到外邦人也是上帝所潔淨的。彼得這次所領受的異象，跟保羅在大馬色所經歷的異象一樣，都是驚天動地的。彼得晚年竭力廣傳福音，據說彼得在羅馬郊外以地下墳場作為傳道之所。後來羅馬暴君尼祿王，決意毀滅教會，以大火焚城，誣過基督徒，捉拿使徒。彼得被處死前要求說：把我倒釘在十字架上，我的主曾為我豎在十字架上，我不配像他一樣受死。

23 保羅（Paul），原名掃羅，出生於富有的家庭，他曾受教於當時最著名的拉比迦瑪列門下，是個謹守律法的法利賽人，他認為律法是得救的唯一途徑。自從保羅在大馬色的路上與耶穌相遇，之後他的生命有革命性的改變。

彼得與保羅的衝突

保羅與教會領袖的衝突，是發生在聚餐時。彼得傳福音的對象是猶太人，而保羅是向外邦人傳福音。彼得年老的時候，極力推薦保羅，稱保羅為親愛的弟兄，一點也不記恨和報復。

將自己擁有的財富拿來交換任何商品，儘管從法律上說，這樣的交易是被允許的。柏拉圖說：「聰明人會重視這方面的學習，因為那可以使他的靈魂變得清醒、正直和充滿智慧，而且不會貶低其他人。」

能夠獲得這種效果的學習，才是能夠教會我們崇尚並理解真、善、美的學習。這些學習是人文主義和自然科學的學習，我們所追求的是「讚賞、希望和愛」的精神。訓練過的理性沒有私欲，無所恐懼，不會害怕大眾輿論，因為理性「將它看作小事，人的判斷力便可以從中進行判斷」；它感興趣的範圍非常寬廣，根本不是私人事業中的各種事變，因此，卑賤的以自我為中心的放縱和自私的野心都是不可能達到理性的狀態的。理性可以讓人免於卑鄙、無知和偏執。理性不會讓我們變成狂熱或風尚的受害者，因為那種熱情是失衡的，是缺少法紀約束的。狂熱、追求時尚是英國文明和北美文明獨特的特徵。這樣的改革，如同這個國家正在進行的改革一樣，不會受大多數人的理性的影響，而是由少數人的狂熱和盲從來操控的。從整體上看，我們應當保持一種合理的平衡，但是在個體的判斷中卻沒有那麼多的平衡可言。

馬修·阿諾德向自己同胞提出的規勸，在今天看來幾乎就是一個預言。他尖銳的指出，英國人對待知識分子的態度極為輕率，甚至是滿不在乎；而德國人的態度卻是嚴肅、認真的，這兩者之間形成了強烈的對照。他認為，一百年前，真正的英國貴族階級所展現出來的勇氣和高傲的決心挽救了英國，然而，與所有的貴族階層一樣，這種精神其實「缺乏思想」。他

指出，我們偉大的皇室貴族再也無法挽救我們，即使他們仍然保持著相當強大的影響力，因為現在真正占有權勢地位的是學科分類明確的知識以及應用科學。後來，喬治·梅瑞狄斯同樣也在他的詩歌中發出了誠摯的警告。他認為，英國最需要的是「頭腦」。

但是，這些忠實可靠的預言家的預言並沒有引起人們足夠的重視，我們不得不從親身體驗中吸取教訓。經驗是最好的老師，但是學費太貴了。

《友誼的花環》[24] 一書的作者在全書的結尾處向民主政治發出了絕望的呼喊，他的悲嘆沒能喚起上等階層的注意，他認為這些上等人尚未開化；也沒有得到中產階級的回應，他把這些中產階級當作無可救藥的粗俗之人，中產階級很容易受到苛刻的衡量，他們的朋友很少，但批評他們的人卻很多。我們必須回到古希臘悲劇作家尤里比底斯[25] 的時代，才能找到中產階級大膽的宣言 —— 他們是社會集體中最優秀的那一部分，是「整個國家的拯救者」；大致說來，他們說的都是實話。中產階級的粗俗只是表面上的。所謂的「粗俗」，正如羅伯特·布

---

24 《友誼的花環》（Friendship's Garland），馬修·阿諾德的隨筆。

25 尤里比底斯（Euripides，西元前 480～前 406 年），與艾斯奇勒斯（Aeschylus）和索福克里斯（Sophocles）並稱為希臘三大悲劇大師，他一生共創作了九十二部作品，保留至今的有十七部。對於尤里比底斯的評價，古往今來一向褒貶不一，有人說他是最偉大的悲劇作家，也有人說悲劇在他的手中衰亡，無論這些評價如何，無庸置疑的是尤里比底斯的作品對於後世的影響是深遠的。

里奇斯[26] 最近說的那樣,「是認知不到價值,是一種精神上的死亡」。在馬修・阿諾德的時代,中產階級毫無疑問是看不到藝術價值的,這令人嘆息;不過,中產階級的產品也不像阿諾德所「宣判」的那樣,是一種市儈主義;中產階級對於美不再缺乏品味,不再漠不關心;而且中產階層從來都不是生活中的卑劣的藝術家。布里奇斯[27] 先生將粗俗的進程描述為顛倒了的柏拉圖式的進步。他說,我們從醜陋的形式降格為醜陋的行為,又從醜陋的行為墮落到醜陋的原則,直到我們最終成為絕對的醜陋,這就是粗俗。以道德低劣為標準來判斷是否缺乏對於美的感覺,這種看法即使是在古希臘時期,似乎也是一種似是而非的觀點,根本就不適合英國人的性格。我們的城鎮已經足夠醜陋了;我們的公共建築毫無熱情的矗立著;而我們的許多紀念碑和彩色的玻璃窗似乎在大聲召喚齊柏林飛船趕緊來把它們摧毀。但是英國人還沒有把自己的行為降低到醜陋的地步。

雅典政治家伯里克里斯(Pericles)和古希臘哲學家柏拉圖一定會在英國的最高法院發現一件事:這個民族的風度要遠比帕德嫩神廟「美麗」。這個國家已經除去了粗俗的成分,它的容易程度和徹底性甚至超過了我們克服懶怠以及自我放縱時所付出的努力。我們用勇氣、克制和尊嚴來承擔自己的責任,但古希臘人也許會說,這只是哲學家們所期待的。但是,我們的

---

26 羅伯特・布里奇斯(Robert Bridges,西元 1844～ 1930 年),英國詩人、劇作家。代表作:詩歌,《愛的成長》、《新詩集》、《愛神厄洛斯和塞姬》、《十月詩集》;劇作,《英雄》、《尤利西斯的回歸》等。

27 布里奇斯(Robert Bridges,西元 1844～ 1930 年),英國詩人、醫生。

國家當然不是一個由哲學家組成的國家。因此，我們也絕對不可以匆匆忙忙的就把所有輕視智力和知識分子的行為納入粗俗的範疇。如果將上述內容認為是我們的「罪行」，那主要是因為我們低估了生活中理性的價值，可是我們並非真的就是一個粗俗的民族。我們的世俗觀念以及普通英國人的真實宗教，在紳士的理念裡都占據著中心地位，這當然與紋章、土地和財產沒有實質性的關聯。上等階層，靠著這樣的理念過日子，其實並不粗俗，儘管他們缺乏思想，受到了馬修·阿諾德的嘲弄；中產階級也尊重這一理念，他們進一步受到了道德傳統的可靠保護；而下層階級則有一種愉快的幽默感，這是抵禦粗俗最好的防腐劑。但是，在我看來，儘管阿諾德這位桂冠詩人沒有達到令粗俗成為我們民族的罪惡的目的，但是有一件事他卻做得非常好，那就是喚起了人們的憂患意識，防止了有人用所謂的民主主義思潮來干擾教育改革，這種趨勢的目的不外乎是以平等和良好的人際關係的名義來消除某種優越感。假設下層階級仍然一定要被排斥在知識、甚至美好高尚的品德之外，就會變成一種與貴族主義相反的錯誤，甚至超越其他所有的觀點，最終導致古希臘文化的衰退。有一種傾向一直伴隨著我們，那就是去譴責那些可以被稱為「貴族自我修養形成的」理想。但是我們仍然需要這個領域的專家，就像在其他領域一樣，而大眾平民必須要知道，真正的優越確實是存在的，那些真正擁有優勢地位的人也有權、有義務為了讓它充分發揮作用而去提供更大的活動範圍。

在科學還不發達的時代，普遍的蔑視推理，這會對意志的

提升、感覺以及本能帶來更大的危險。義大利玄學家阿利奧塔[28]最近在一篇文章中概述了一些反科學運動的著名領導者的行徑，這可是一批非常強大的人——實用主義者、唯意志論者、激進主義分子、主觀唯心主義者、情感神祕主義者、宗教保守派分子，這些人糾結在一起，向科學的堡壘發起進攻，大約 50 年前，他們似乎是一股無法被打敗的力量。但是，被圍攻的科學堡壘繼續運用自己的方法，相信自己的假定，最終的結果證明，他們的自信是正確的，哲學家的攻擊不再有人理會。有人告訴我們，科學的方法只適合於抽象的數學。但是大自然本身卻對數學的方法也產生了興趣。神志正常的理想主義認為，永恆的真理在現象世界中能夠被隱約的預示出來，不是歪曲，而且也不會忘記我們對自然的觀察，在很大程度上，這些都可以透過我們的大腦進行論證。就科學所知的範圍，世界本身是一個精神的世界，某些評價，除了用於特殊目的以外，都可以從中排除。否認理性推論的權威性就是破壞所有學習知識的可能性，因為理性在這個範圍內有它適合的領域，不存在損失和危險的可能。但如果我們將本能和直覺置於理性推理之上，就會遭受損失，並且遇到危險。本能屬於保守的類型，它必然無法適應新的形勢，也無法處理新的問題。因歷史悠久而被神聖化的習俗，也許能夠使中國文明以停滯不前的狀態平安的維持 5,000 年；但是在歐洲，50 年就能夠獲得更多的成就，而且最後能夠向中國提供一條可以選擇借鑑的道路，要麼前

---

28 阿利奧塔（Antonio Aliotta，西元 1881 ～ 1964 年），義大利哲學家、玄學家。義大利那不勒斯腓特烈二世大學教授。

進，要麼停滯。如果社會進步是必然的自然法則，那麼本能也許會引領我們繼續向前，雖然有很多人信奉這一信念，但是，將本能作為引領我們前進的動力其實是一種十足的迷信行為，布萊克[29] 說：「傻子永遠進不了天堂，因為傻子從來沒有如此神聖過。」

我們不得不去轉變這個國家的大眾意識，讓他們相信推理能力，願意接受這種能力的培養和訓練；我們不得不去說服這個國家的公民，讓他們相信，為了擔負起自我保存的職責，我們不僅需要在思想武裝上變得與法國人、德國人和美國人一樣強大，而且還要認知到，受過訓練的智慧本身「比紅寶石還要珍貴」。不管怎麼說，愚昧無知會錯過生活中最美好的事物，這是千真萬確的。假如英國人只相信這一點，我們教育的整個精神面貌就會為之一變，這要比改變授課內容更加重要──至於授課的內容究竟是什麼並沒有太大的關係。這就是為什麼宗教教育論戰從整體上看是愚蠢的。「宗教課程」實際上並不一定能夠使學生去信仰宗教。實際上，宗教知識極少是老師教會的；只有透過不斷的接觸某個具有宗教信仰的人，才能感悟和理解其中的奧妙。其他課程內容可以講授，也可以學會；但教學卻是相當艱鉅的工作，如果學生對所學的課程不感興趣，他們的學習熱情很快就會消散。可是，一般的孩子在家裡能夠得到的鼓勵真是太少了，我們又怎麼可能訓練他的推理能力，形成他自己對知識的掌控和品評能力呢？他很有可能被「考出

---

29 布萊克（William Blake，西元 1757～1827 年），英國詩人、畫家，浪漫主義文學代表人物之一。

好成績來」的告誡而左右，這就意味著，他要認真的吞下一堆事先準備好的、未經加工的考試內容，然後在考試的時候再吐出來。哪裡的教育不存在真正的培養心智慧力的欲望，哪裡的考試制度就能夠越發展得最好。如果某些地方的人廣泛而又熱情的追求知識，並將其作為生活中不可或缺的一部分，結果就會形成一種人們普遍厭惡的機械的、商業化的考試制度。在目前情況下，訓練一個聰明的孩子應付考試如同訓練孩子參加一次比賽；比賽結束了，學生就會迅速的放棄訓練。與此同時，他生活中的浪漫的興趣會集中在那些綠茵場上比較寬容的、個體對抗性不那麼強烈的競爭，而這些恰恰說明我們的小學和大學已經發展到了非常完善的程度。在班級中，體育訓練的機會很少，發揮替代作用的體育活動幾乎沒有任何刺激作用，這是一種災難性的替代。但是，他們的靈魂卻被染上了休閒思想的色彩。「因為他心怎樣思量，他為人就是怎樣。」[30] 只要學生在家裡無法接受到尊重知識價值的理念，在同學那裡也無法得到這樣的理念，教育就不可能在課程方面做出改變，原因就在於此。其實，大多數學生的心裡都潛伏著強烈的學習興趣，也有真正的增長知識和提高智力的能力。如果哪位老師真的喜愛並忠誠於自己所講授的課程，他就能夠在整個班級點燃學生們的學習欲望。上個世紀，最好的公立學校的一些教師的脾氣都很火爆，他們依靠紀律來約束學生在課堂上的表現的做法非常荒唐；但是他們都是狂熱的人文主義者和敏銳的專家學者，年復

---

30 「因為他心怎樣思量，他為人就是怎樣。」（As a man thinketh in his heart, so is he.），出自《聖經‧舊約》箴言第 23 章第 7 小節。

一年的在課堂上進進出出。

　　一門好的必修課，其重要性往往被誇大；對於課程的糟糕選擇以及糟糕的教學方法甚至更會讓最優秀的教師對學生們感到束手無措。例如，在我們的公立學校裡，講授古典文學的方法就非常愚笨 —— 沒有比這更缺乏才智的了。在課堂上，節選的古典文學作家的作品往往被解說得十分簡短，學生們根本無法從整體上去理解作品的主題思想；還沒等到學生學完整部作品，老師又開始引導他們學習另一部作品。經常進行的考試就像陰影一樣籠罩著學生，貫穿於整個教學過程，就像有人引用古希臘悲劇詩人索福克里斯的故事時所說的那樣，謎一樣的獅身人面像迫使我們注意自己的腳下，卻忽略了其他所有的東西 —— 所有無法衡量的事物，而教育的真正價值就在其中。考試的嚴酷對於課程的選擇和教學方式來說都有著重要的影響。顯然，有些課程對學生頭腦的刺激性更強一些，因此，受到學生忽視，因為它們不太適合考試；遺憾的是，這些課程中就包括我們的文學課和語言課。

　　因此，即使我承諾在這篇短文裡只進行比較籠統的表述，但還是有必要對某些主要課程提出一些建議，因為我們的教學大綱裡面應當包括這些課程。前面我已經指出，我要把這些課程分為兩大類 —— 自然學科和人文學科。任何一個學生到了一定的階段之後都應當接受這兩類課程的學習。有些人希望教育能夠完全用來傳授自然科學知識，用培根[31]的話說，他們「號

---

31 培根（Francis Bacon，西元 1561 ～ 1626 年），英國著名哲學家、政治家、科學家、法學家、演說家和散文作家，是古典經驗論的始祖。

召人們賣掉自己的書，然後建造爐子，放棄或丟棄智慧女神米娜瓦[32] 和繆斯[33] 女神，轉而依靠火和鍛冶之神兀兒肯[34]」，對此我們應當堅決予以抵制。我們不想讓孩子在 12 歲就變成專家，因為缺乏人文主義知識的年輕人永遠都無法成為一個完整的人。

對於自然學科的教學，我沒有資格多說什麼。但是作為頭腦訓練、甚至是文科教育的一種工具，在我看來，自然學科似乎具有更高的價值，儘管有些人文主義者通常不願意承認這一點。自然學科能夠將想像力導向無窮大和無窮小，導向時間遠景（在遠景中，一千年就像是一天），導向禁錮在微小物質粒子中的強大力量，導向令人吃驚的機制複雜性 —— 人體的器官將透過這一機制發揮各自的作用，導向遙遠星球經過數百年時間穿越過來的光，導向地球的演變史和人類的進化史，並能激發人們對自然現象進行分析和研究 —— 這樣的學習不可能不會提升學生的智力，只有持有偏見的人才會詆毀它。自然學

---

32 米娜瓦（Minerva），羅馬神話智慧女神、戰神和藝術家與手工藝人的保護神，相對應於希臘神話的雅典娜。

33 繆斯（Muses），希臘神話主司藝術與科學的九位古老文藝女神的總稱。她們代表了透過傳統的音樂和舞蹈、即時代流傳下來的詩歌所表達出來的神話傳說。她們原本是守護赫利孔山泉水的水仙，屬於寧芙的範疇。後來人們將奧林匹斯神系的阿波羅設立為她們的首領。繆斯女神常常出現在眾神或英雄們的聚會，輕歌曼舞，一展風采，為聚會帶來不少的愉悅與歡樂。

34 兀兒肯（Vulcan），羅馬神話中的火神，維納斯的丈夫，跛足，相傳是被他母親茱諾丟下山的，亦有是被父親朱庇特丟下山而跛腳的說法。其相對應於希臘神話的赫菲斯托斯，拉丁語中的「火山」一詞來源於他。相傳火山是他為眾神打造武器的鐵匠爐。

科的學習還能很好的促進學生們對於真理和現實、秩序和大綱的尊重，正如古希臘人所說的那樣，以審慎的態度表達對詭辯和修辭的厭惡。科學研究的氛圍就像高山頂上的空氣 —— 稀薄，但是清純和涼爽。作為一門教育學科，自然科學有著更大的優勢，而且從未如此象現在這樣受到很高的評價。其實，大多數新的發現都是在科學領域中完成的。「對遠期目標的痴迷」屬於自然學科，而不是其他什麼別的學科。也許我們可以在教學過程中將一項原則固定下來，即大多數高級教師不僅應當講好自己的課，還應承擔一些研究工作，獲得一些發現，而且普通教師也應當在完成自己教學工作的業餘時間不斷加強學習。這一理想只有在自然學科領域才更有機會實現，其他學科是無法與之相比的。

但是，話又說回來，即使是為了自身的利益，自然學科也不能因此而占據整個教育陣地。僅僅被稱為自然研究家的人，往往是一個差勁的哲學家，這樣的結果就是，他的學生不會在哲學方面學到什麼，而心理狀態和精神生活的法則與化學定律和生物學定律其實是不同的；科學家們根深蒂固的惡習就是企圖按照事物的起源來解釋一切，而不是從事物全面發展的角度來考慮。他們說：「透過它們的根，而不是它們的果實，你就能認識它們。」這是對亞里斯多德思想的否定，也是在反駁其他更偉大的思想家。推理能力的訓練必須包括對於人的頭腦的研究，了解人腦這個「神的寶座」最具特色的思想產物。除了自然學科，我們還必須將人文學科作為我們教育的主要學習之一。

第六章　論推理能力的培養

　　50 多年來，主張開設古典教育課程的人士一直在進行著一場毫無成功希望的勇敢爭鬥；他們現在正準備接受不可避免的失敗的到來。但是，如果他們能夠公正的面對眼前的形勢，他們的事業也並不是沒有成功的希望。他們的失敗是因為堅持認為古典文學教育等同於語言能力的培養而造成的。對大多數人來說，學習外語確實是一項相當不錯的智力訓練；對少數人來說，這種訓練或許多多少少顯得不那麼公平。但是，能夠出於自身的利益而熱衷於語言學習的，畢竟只有那麼一小部分人。以適當而又優美的形式表達思想的藝術，是迄今為止人類所創造的最崇高、最偉大的成就，古拉丁語和希臘語這兩門古典語言，就譜寫出了許多精美的篇章，它們是表現人類語言成就的最好例證。但是一般的學生並沒有欣賞這些價值的能力，而且在我們現行的體制下，學習語言所浪費的時間也是令人嘆惜，這些時間本可以花在其他更有益的課程學習上。也許還會有人堅持認為，由於盡責的編輯和教師們的共同努力，現已經對作為智力訓練形式的古典文學教育體系造成了破壞。50 年前，在英國從事古典文學評注的人很少，學生們只能依靠自己的理解力進行閱讀；可是如今，如果走進一個大學生的房間，就會發現他已經能夠借助參考譯文、注釋和課堂筆記來閱讀古典作品。除了記憶，其他的能力根本用不上，就像一位主教說的那樣，「對智力訓練最沒有價值」。儘管常常受到無端的詆毀，但散文和詩歌的寫作練習卻具備著更大的教育價值，但這畢竟屬於語言的藝術，我們不能要求所有學生都進行這樣的練習。那麼，是否就可以因此而限制那些相當喜愛文學的學生去學習

古典文學呢？如果是這樣，那古典文學教育事業真就失敗了。我找不到什麼理由能夠讓我們提倡學生們在歷史、哲學和文學課堂上不去閱讀古希臘和古拉丁偉大作家的作品，而且是在附帶譯文、作為學生通常閱讀資料的情況下。我當然明白，許多偉大作家的作品因為翻譯的問題而不可避免的有些損失；但是我也可以毫不猶豫的說，普通學生透過閱讀希羅多德（Herodotus）、修昔底德（Thucydides），柏拉圖的《理想國》，還有一些戲劇的譯本，便可以學到很多希臘文學知識，領會古希臘精神，它的效果遠遠超過了眼下公立學校的學生透過死記硬背所獲得的知識。古典著作，幾乎與所有其他文學一樣，在閱讀書目的選擇上，必須得到大多數學生的欣賞才行。學生們之所以認為古典文學枯燥無趣，是因為我們為學生們規定的閱讀方式非常荒謬。

我並不想野心勃勃的企圖為文學勾勒出一個什麼學習方案的輪廓。我的主題是推理能力的培養。但在我看來，有兩項基本原則似乎更為重要。第一個原則，我們應該從心理學入手，去研究不同年齡階段的學生的推理能力的發展情況，然後相應的採取不同的教學方法。人記憶力最強的年齡階段大概 10 歲到 15 歲期間。事實和日期，甚至較長的詩歌和散文片段，在小的時候就去記憶，也許能夠讓人一輩子都無法忘記。大多數人，如果到了中年還想恢復或保持小時候那麼好的記憶力，就需要付出極大的努力了。另一方面，這個年齡階段的學生會覺得推理非常難學，並感到厭煩。小學生寧願學習二十條規則，也不願意去應用一個原理。因此，低年級小學生的學習主要還

是要靠默記和背誦。他們需要記住的東西包括各式各樣的實用基礎知識以及大量的優秀詩歌；小學生們很容易就能夠吸收這些東西，不會產生任何精神過度緊張的狀況。但 8 年或 10 年以後，「填鴨式」的教學方法就會對學生的身心健康和智力發育造成傷害。除非是天生的哲人，否則我們的頭腦不論怎樣都會隨著年齡的成長形成思考和爭論的能力。記憶力逐漸減弱，因此要求學生記憶一些資料和事實，這個過程會讓他們感到不舒服。到了這一階段，教學的整個體系就應當有所不同了。考試的重大罪惡之一就是延長了學生死記硬背、單純記憶的階段，因為學生到了一定年齡，這麼做不僅無益，反而有害。另外，留心觀察那些聰明的學生喜歡或者不喜歡哪些作家，也可以為我們提供有價值的參考。如果我們的主要目的是讓學生從內心對某些事物產生興趣，那麼我們當然應該顧及學生的品味。智力一般的學生可能喜歡荷馬 [35]，卻不喜歡古希臘詩人維吉爾 [36]；他們對古羅馬歷史學家塔西佗 [37] 著迷，卻厭煩古羅馬政治家西

---

35 荷馬（Homer，約西元前 9 世紀～前 8 世紀），相傳為古希臘的吟遊詩人，生於小亞細亞，失明，創作了史詩《伊利亞德》和《奧德賽》，兩者統稱《荷馬史詩》。目前沒有確切證據證明荷馬的存在，所以也有人認為他是傳說中被構造出來的人物。而關於《荷馬史詩》，大多數學者認為是當時經過幾個世紀口頭流傳的詩作的結晶。

36 維吉爾（Virgil，西元前 70 ～前 19 年），奧古斯都時代的古羅馬詩人。其作品有《牧歌集》、《農事詩》；史詩《艾尼亞斯紀》三部傑作。維吉爾被奉為羅馬的國民詩人，被當代及後世廣泛認為是古羅馬最偉大的詩人之一，也因在《牧歌集》中預言耶穌誕生被基督教奉為聖人。其《艾尼亞斯紀》影響了包括賀拉斯、但丁和莎士比亞等許多當代與後世的詩人與作家。

37 塔西佗（Gaius Cornelius Tacitus，約西元 55 ～ 117 年），羅馬帝國執政官、雄辯家、元老院元老，也是著名的歷史學家與文體家，他的最主要的著作

塞羅[38]；他們喜愛莎士比亞[39]，卻對麥考利[40]近乎痴迷，這位英國歷史學家似乎永遠與小學生有著特殊的親和力。

　　我的第二個原則是，既然我們正在致力於將年輕的英國人培養成為真正的忠誠公民，那麼照此推測，我們也許會覺得他們對自己國家的語言、文學和歷史能夠做出最好的反應。這在任何國家都是司空見慣的現象，不值得多說什麼；但遺憾的是，這種情況在英國卻並非如此。英國人在性格方面，在物質領域和道德利益以外的所有問題上，假如放在較強的光線下，就完全不會看到惰性和思想上的缺失，更不用說愚蠢了，但是我們卻忽視了存在於本國歷史以及文學中的豐富的精神遺產。

有《歷史》和《編年史》等，從西元 14 年奧古斯都去世，提比略繼位，一直寫到西元 96 年圖密善逝世（現存有殘缺）。

38 西塞羅（Marcus Tullius Cicero，西元前 106 ～前 43 年），羅馬共和國晚期的哲學家、政治家、律師、作家、雄辯家。他出生於騎士階級的一個富裕家庭，年輕時投身法律和政治，其後曾擔任羅馬共和國的執政官；同時，因為其演說和文學作品，他被廣泛的認為是古羅馬最偉大的演說家和最具影響力的散文作家之一。在羅馬共和國晚期的政治危機中，他是共和國所代表的自由主義的忠誠辯護者，馬克‧安東尼的政敵。他支持古羅馬的憲制，因此也被認為是三權分立學說的古代先驅，西元前 63 年當選為執政官，後被馬克‧安東尼派人殺害於福爾米亞。

39 莎士比亞（William Shakespeare，西元 1564 ～ 1616 年），英國文學史上最傑出的戲劇家，也是西方文藝史上最傑出的作家之一，全世界最卓越的文學家之一。他流傳下來的作品包括 38 部戲劇、154 首十四行詩、兩首長敘事詩和其他詩歌。他的戲劇有各種主要語言的譯本，且表演次數遠遠超過其他戲劇家的作品。

40 麥考利（Thomas Babington Macaulay, 1st Baron Macaulay，西元 1800 ～ 1859 年），英國詩人、歷史學家、輝格黨政治家，曾擔任軍務大臣（西元 1839 ～ 1841 年）和財政部主計長（西元 1846 ～ 1848 年）。

不過，我們很高興的聽到，在戰壕裡有數以千計的人，在家裡則有更多的人在讀華茲渥斯[41]的詩。華茲渥斯在他的一首十四行詩裡宣稱，他堅信自己的國家一定能夠戰勝拿破崙，因為他想到的是祖國輝煌的過去。

> 我們講著莎士比亞所講的話，
> 擁有米爾頓[42]所擁有的信念和道德，
> 要麼自由，要麼死亡。

這些話充滿了極為強烈的誇耀成分，但說的卻是實話。為了點燃我們年輕一代的想像力，使他們展望我們偉大而又古老的國家的前景，我們又做了些什麼？更何況，我們的國家正為了自己的生存而奮勇戰鬥。關於莎士比亞和米爾頓、伊莉莎白（Elizabeth）和克倫威爾、納爾遜（Nelson）和威靈頓，我們能夠教給學生們什麼呢？我們甚至沒有嘗試過讓年輕人懂得，他們有責任繼承非常光榮的傳統，託管比南非金礦價值還要高的精神財富！與我們的精神財富相比，南非的那些金子簡直就是渣滓。我們的語言經過幾百年不斷的完善，如今正在被破爛的報紙貶損和濫用，幾乎形成了大多數人僅有的讀物。我們是否能夠以理性的方式來教育學生真正去熱愛我們古老的優秀語言？

---

41 華茲渥斯（William Wordsworth，西元 1770 ～ 1850 年），英國浪漫主義詩人，與雪萊、拜倫齊名，也是湖畔詩人的代表，曾當上桂冠詩人。其代表作有與山繆‧泰勒‧柯勒律治合著的《抒情歌謠集》、長詩〈序曲〉、〈漫遊〉等。

42 米爾頓（John Milton，西元 1608 ～ 1674 年），英國詩人、思想家。英格蘭共和國時期曾出任公務員。代表作：《失樂園》、《論出版自由》等。

我們的國家正處於危險中，但是我們的群眾卻顯得遲鈍，沒有什麼意識，有些工人族群甚至頑固的堅持著自己的局部利益和追求，對此我感到震驚。在法國，單單「patrie」這一個詞就完全能夠以共同的熱情和堅定的決心將國民維繫在一起。這對我們來說幾乎是不可能的；很多優秀的評論家認為，若不是盧西塔尼亞號遠洋輪 1915 年被德國潛艇擊沉，若不是德國人製造出了齊柏林飛船，那麼相當一部分英國人就不會對戰爭那麼關心，也肯定不會給予同盟國充分的支持。究其原因，並非因為我們自私自利，而是無知和缺少想像力。那麼，在明智的開發和利用愛國主義資源方面，我們又做了些什麼呢？我們正在得到挽救，但並非依靠平民大眾理性的信仰，而是我們國家天生的爭鬥精神和勇猛頑強的戰鬥力。這裡我不想詳細談論英國問題的研究。但是，這些東西所形成的教育基礎要遠遠好於我們在學校裡所講授的那些東西，對此又有誰能懷疑呢？我們必須要特別記住，現代英國人的一個真正危險在於割斷了自己與活生生的歷史的連結。科學研究包括地球形成初期的一些階段，但不涉及人類種族和英國人的過去。在這方面，基督教教義一直具有寶貴的指導作用，尤其聖經中所傳達的那些智慧知識。但是，世俗的大眾教育與我們源遠流長的傳統和情操如今已經背道而馳，（正是這些傳統和情操把我們與古老的文明結合在了一起），結果導致教會的語言也變得晦澀難懂起來，有組織的教會只會對越來越少的人產生影響。然而，過去它卻存在於我們所有人的生活當中，在生活不可避免的遇到危險的時候，只有文明發展過程中所累積的經驗能夠幫助我們度過難關，可

是我們卻沒能在精神層面對其價值給予應有的充分重視。一個國家就像一個人，必須「希望自己的日子日復一日的接受天性的虔誠的約束。」我們必須努力的記住過去的日子和過去的年月，並保持記憶猶新的狀態。在這一方面，猶太人真的是很了不起，他們總是能夠在聖書中展現自己種族的精神；猶太人具有無與倫比的韌性，他們對未來充滿了希望，這在很大程度上歸功於他們透過教育培養了每一個猶太孩子根深蒂固的觀念。我們英國也需要一部種族的聖經，它對英國下一代的神聖性應該不亞於猶太人眼中的《舊約全書》。英國也許可以成為人類精神家園的一個地區，因為這麼多年以來，我們作為世界強國的任務一直完成得相當圓滿；儘管我們只是一個小小的島國，但是我們卻接受了君主國的地位，擁有的領土面積遠遠超過本土。只有珍愛英國的過去，我們才會迎來更寶貴的未來。

　　我並不是說其他國家的歷史和文學就應當忽略，或者外國語言不應當成為教育的一部分。但是我們最主要的目的是培育優秀的英國人，他們有責任繼續保持，甚至進一步發展光榮的民族傳統。為了做到這一點，我們必須不斷的求助於想像力的訓練，華茲渥斯就曾經大膽的將想像力稱為「最高意境的思維能力。」這樣，我們或許可以把詩歌和傳奇故事引入工人族群那單調乏味的生活中去。他們的不滿很有可能是由於缺乏足夠的精神生活引起的，他們在這方面的渴望遠遠超過了我們的假定。其實，生活中的精神文明與神學一樣，並不像傻瓜們所認為的那樣，是枯燥乏味、晦澀難懂的，而是如同阿波羅琵琶彈奏的樂曲那樣美妙動聽。

所有其他的問題我們都嘗試著進行了解答，那麼作為教育的目標，我們是否可以在本文結束前為幸福和安康下一個定義？也許我們無法給出一個更好的定義，那不如接受亞里斯多德所說的吧：「幸福是靈魂在不受阻礙的生活中通往至善的活動。」幸福不在於你是什麼，而在於你做什麼；活動必須是靈魂的活動——整個人必須身心一致的行動，朝著至善的境界努力——並不完全是德行，還有我們所能從事的最好的工作，無論什麼樣的工作，這種活動都必須不能受到任何的阻礙，我們必須獲得去從事適合我們的工作的機會。喚醒靈魂，無論什麼事物，只要是真實的、可愛的、高貴的、純潔的、聲譽好的，我們就將它們的影像展現在靈魂面前；凡是阻撓或削弱智力發展的障礙，一律要被清除掉；這就是被我們稱為推理能力訓練的工作。

第七章
論想像力的培養

第七章 論想像力的培養

　　喜歡用挑剔的目光來考慮問題的讀者，或許會匆忙的做出假定，認為我這篇文章的主題有些輕率，或者說我這種提法有些奇異古怪。按照他們所提出的一種奇特排列，論述想像力的著作往往會被拿出來與一些毫無關聯的作品相提並論，其中甚至包括愛情小說和傳奇故事，因此這一類作品往往蒙受著難以定義的懷疑，除非是為了最直率、最不嚴肅的那種娛樂消遣，否則頭腦清楚、心態平和的人對此必須警惕。想想吧，充滿了最高尚的想像力的、最好的著作通常總是在文學教育中發揮作用。這種現象經常讓我吃驚，並不由自主的開始深思 ── 普通的文學練習為特殊能力的培養所提供的範圍是多麼的狹窄啊。人們熱衷於精心選擇經典修辭學者和詩人的著作，從中進行摘錄，然後編輯成高雅的選本，並以此為目的向學生們講授古老的短文和詩篇。至少是在我上小學的時候，沒有哪個孩子能夠受到鼓勵，可以按照自己的行動方針獨立的去闖新路，自由的在田野裡穿行，尋求想像的冒險。即使在英國教育的早期階段，其目標也不過是讓學生們把自己的真實體驗寫下來，或者去鄉下待上一天，或者去海邊散步。直到最近，有些教師才開始鼓勵學生根據自己的想像進行詩歌創作和編故事；甚至到了現在，許多教育評論者還認為這樣的練習純屬業餘愛好，在實用方面缺少牢固的基礎。

　　但是，在這篇文章中，我希望回顧一下這個主題的根源，顯然這也是我要闡述的首要問題。想像力是一種純粹而又簡樸、再常見不過的能力，能夠安排生活場景的富有創造力的想像或許不能構成浪漫的經歷，不能在戲劇性情景中展現自己

構想的人物；但是，有一種想像力卻是非常簡單的，它可以透過回顧過去、預測或期望某些有趣事件的發生來獲得樂趣。厭倦在學校上課的學生們會在放假的第一天去考慮應該做些什麼事；當孩子焦慮的預感到父母可能感到不愉快的時候，就會運用自己的想像力來釋放自己過於緊張的情緒；但真相是，想像力在所有人的愉快或不愉快經歷中發揮著重要的作用，就此而論，無論何時，當我們在回憶或者預感中躲避現實的時候，我們都會運用想像力。那麼，我需要考慮的第一點就是：無論是在什麼樣的情況下，是否應該訓練這種永不安寧、能夠產生影響力的能力。這樣一來，想像力也許就不會萎縮，也許不會變得能夠支配一切；第二點，就是進一步去思考，富有創造性的想像力是不是一種需要精心開發的能力。

　　首先，在我看來，教育對於人的頭腦最有效的、本能的力量的運用和控制一直採取漠視的態度，這簡直是太離奇了。我們總是在周密的考慮如何增強學生的體質，花費大量的時間去訓練學生的記憶能力，提高他們的理性和智力；然後，我們會繼續鍛鍊和淨化學生的性格和意志；我們努力的讓學生培養憎恨罪惡、崇尚美德的情感。但與此同時，孩子們小小的腦袋裡正在想什麼呢？學生的大腦正努力的思考著如何完成老師強加給他們的很多苦差事，不同程度的讓自己的大腦去適應自身的生活環境，學習某些在公開場合可能會用到的行為規範。然而，學生的思緒始終在祕密的來回轉動，思索著自己所經歷的愉快的或不愉快的記憶，並且學會在煩悶的時候來自我安慰，為未來粗略的計劃著什麼。我還記得自己當小學校長時，與一

第七章　論想像力的培養

班學生面對面坐在一起的情景；我時常看到學生們埋頭做功課的情景，他們手裡的筆時動時停，不時的翻看著課本，偶爾會仰起脖子，這些表情說明，某種視覺正在他們的「心靈之眼」前面經過。正如華茲渥斯所做的恰當觀察一樣，心靈之眼構成了「孤寂時分的樂園」——暫時忘掉身邊的景色。我並不是說思想是一種遙遠的或者高尚的東西——應當怎麼說呢，或許只是一些瑣碎的記憶，或許只是對於開心的事的一種期待。但是，如果我說人的大部分閒置時間，或者相當一部分工作時間可能都會以類似的方式花費在想像上，我認為我的話並沒有誇張的成分。這一現象的確認完全可以在睡眠狀態和做夢時找到！接著，本能開始有規律的發揮作用，既不是記憶，也不是預感，而是各種體驗到的結果被編織在了一起，形成了一個透過自我創作而形成的故事。

假如你在思考以後才去生活，那麼毫不誇張的說，人的幸福感和不幸福感，很大一部分都源自於我們對生活的深思——曾經有過的狀態、可能會有的狀態、也許會出現的狀態。啊，天哪！還要對本不該發生但確實發生了的事情進行深思。比更士菲伯爵（Earl of Beaconsfield）說：「我最不幸的經歷就是那些還沒有發生在我身上的經歷。」此外，他還對生活進行了同樣尖銳的評論。他說，在他所認識的聰明人中，半數以上都讓他留下了這樣的印象：一部分人受到別人的仇視和嫉妒，另一部分人受人尊敬和愛戴。但是，比更士菲勳爵說的這些話都是不正確的！

想像力具有一種自我呈現的功能，是從外部對我們自身的

生活和地位進行考察的能力；無論是從健全頭腦中想出來的計畫和產生的愉快的希望，還是源自內心的恐懼和陰暗的焦慮，根本原因都是想像，後者所缺乏的其實是健康的心理。當然，這種並非異常現象。人類生活中那些深沉的、固執的成分會在未經訓練、不受注意的情況下留存下來，並且任意蔓延，自給自足。教師所做的一切當然就是盡可能的把精神集中起來，在特定的時間內做好自己的工作，如果在他的內心還存在著倫理道德的目的，那麼他也許會不時的勸說自己的學生不要去想那些亂七八糟的事情；但是在訓練學生從容的運用頭腦、持續進行自我控制方面，他們所做的努力畢竟還是太少了！

　　近來，相當一部分病理學家，在治療強迫症患者或精神病人時，都非常重視觀察患者的夢，並且在很大程度上將這種神經疾患歸結為患者本能的萎縮，或是受到了環境的抑制，因為患者的夢洩露了很多跡象。但我卻傾向於這樣去想，未來的教育者不管怎樣也要想方設法的多做一些 —— 是的，他們必須要做好，無論如何也不能少於實際做的 —— 至少是在講授如何控制那種思想潛流的時候，因為幸福感和不幸福感真的是存在的。和學生們接觸的比較多的人都能明白，懸疑、失望、焦慮或是沉迷情色、覺得自己不受人歡迎等精神狀態對於未成年學生的性格發育會造成什麼樣的破壞性影響。在我看來，我們似乎應該加以正確的指導和引導，從正面發動進攻，而不是放任自流。我並不是說需要特別深入的探索我們的想像力，但是我覺得應該坦誠的談論這個話題並提出建議。問題的關鍵是讓意志發揮作用，首先要誘導頭腦認識其自我管理能力並進行實

踐，其次是要明確指出，透過熱情來迎接和款待健康的思想，將不健康的思想驅逐出去，這都是有可能的。最佳的治療方式是為每個學生提供他們真心喜愛的消遣活動。對許多學生而言，功課沒有什麼意思；還有一些學生，進行規定的體育活動對他們來說就像例行公事一樣，並不能讓他們活躍起來，也無法感受到快樂。也許有人會說，幾乎沒有哪個學生會同時喜歡功課和做運動，在其中他們覺得沒有看出任何個體的區別。因此，每一個學生，如果獲得成功表現的機會很小，那麼就應該鼓勵他們去培養自己特定的嗜好，這就有很重要的意義了；因為頭腦能夠愉快的記憶，又有很好的預期工作會為不安靜的想像力提供燃料，否則，想像力就會因為遲鈍或者受到不快樂的低劣思想的影響而受到汙染。對一個小學校長來說，他只能透過提供嚴格的時間表和定期的體育活動來安撫自己的良心。如果哪個學生在功課方面表現倦怠，或是體育活動的熟練程度比較差，那麼學校的管理人員就應當仔細的找出這個學生真正喜歡的、並能夠從中獲得樂趣的事情，然後利用各種方法鼓勵學生充分發揮自己的力量。這是最好的改善方法，為學生們提供健康的精神食糧，並在他們的頭腦中消化。但是我覺得一個優秀的教師應該做更多的事情 —— 一次又一次的用簡樸的語言向學生講述練習控制自己思想的必要性。我的親身經歷顯示，學生總是會對各種談論感興趣，比如道德方面或者宗教方面，這些話題本身就是以學生的實際體驗為基礎的。可以設想，一個教師要求班上的學生靜坐 3 分鐘，去想想最讓他們高興的事，並補充道，過一會他有話要對學生們說，那麼這個教師就

是在上一堂直觀教學課，促使學生思考他們曾經有過的幻想是多麼的短暫，多麼的遙不可及；還有，這位老師也許可以針對某一件非常明確的事情要求學生進行 5 分鐘的思考——比如想像自己在樹林裡，或者在海邊，或者在藥房，透過這樣的方式來訓練學生集中自己的思想，然後要求學生在紙上為自己剛剛想像到的東西列一個清單。這個過程可以被無限擴大；但是如果能夠按照一定的規律性來做好這件事，那麼訓練學生集中思想對所觀察的事物進行回憶和反思也完全是有可能的。或是提出某種品格，比如慷慨大方或者心懷不滿，然後要求學生虛構一個簡單的故事來進行證明。無論如何，這對於訓練學生集中精神都是有效果的，只知道做些單調乏味工作的人是不會這麼做的。我們的目標並不是訓練記憶力或是邏輯思維能力，而是加強學生的想像力，因為想像力的能量極其強大，能夠喚起內心深處的力量，從而使學生從現在移向過去或未來。

很顯然，我們的教育理論非常缺乏這種認知，因此很少有人去努力深入的研究被我們稱之為「潛意識」的課題。這種奇特的思想潛流如此輕率的受到人們的忽視，任由其匆匆的隨波逐流，沒有任何明確的目的和目標，更不用說潛藏在其中的思想和意象。我不是說這樣的訓練能夠立即賦予學生自我控制能力，但是大多數人最痛苦的往往都是由於「思想負擔過重」所造成的。據我所知，在教育的過程中，除了非常偶然的因素之外，沒有人會透過任何的努力，幫助學生那未成熟的頭腦、不愉快或者愉快的思想保持一定的距離；也沒有訓練學生用更加健康的思想概念和更大的力量來代替當前一些不那麼好的思想

第七章　論想像力的培養

潮流。大多數情況下，潛意識被認為是不可控制的，然而這種病態的聯想能力，往往能夠將各種想法像撒種子一樣播種在頭腦裡，不久，想法就會生根發芽，其結果必然會向我們顯示，那非凡的、有效的心理方法就在我們觸手可及的地方，但關健是如何去應用。

就這一範圍來說，我們應該看看更加消極的一面。當然，為了在自我控制方面訓練學生頭腦，我們已經做過很多工作，對此我堅信不疑。但是實際上，我們的整個教育建立在這樣一個信念基礎上，即我們也許不用採取任何新的方法，就可以開發學生那處於休眠狀態的身體機能，比如想像能力；可我深信，當未來的幾代人開始全面審視我們的教育方法和教育過程時，令人驚訝的事實會讓他們產生深深的困惑，因為我們那麼認真仔細的訓練學生的各種能力，卻偏偏不重視想像力的培養，而現實的情況恰恰顯示 —— 就像我前面講過的那樣，我們的幸福感和不幸福感主要來自想像力。每個人都應該意識到這樣一個事實，即在我們的生活中總有一些時光看上去一切都很如意，也總有一些時光像陰影似的籠罩著我們，讓我們產生沉悶的情緒，甚至讓我們感到痛苦。在遭受失敗的時候，或者在危急時刻，或者在悲慘時刻，我們都會產生一種非理智的警覺和焦慮。所有這一切都應歸結於潛意識，至少我們應該在這方面做些試驗，使其更好的服從我們的意願。

現在，讓我們換個話題，考慮一下進一步的可能性，即訓練和發展一種更高層次的、具有創造性的想像力。事實上，這是相同主題的全部，似乎可以肯定，大多數人因為現有的能力

被抑制或者處於休眠狀態而感到苦惱。我認為，我們的智育教育在很大程度上是失敗的，原因就在於此。現在的趨勢是，我們將學生的注意力過多的引向了純粹的邏輯能力和推理能力，完全剝奪了學生們在教育中應該享受到的那種單純的學習樂趣。作為小學校長，我曾經做過很多試驗；記得有一次我在一個比較遲鈍的、學習成績不太好的班級上課，為了讓孩子們集中注意力聽課，我便許諾下課前的幾分鐘會向他們講個故事，條件是他們必須很好的掌握課堂上所學的內容。這獲得了很好的效果，學生們都愉快而又努力的做著自己的功課；我的故事非常簡單，但我盡力將它講得簡短生動，故事的內容也是輕鬆活潑的真實事件。但是，那些小小的腦袋對古老的、形象化的想像所迸發出來的熱情，睜大的眼睛所放射出來的光彩，真的讓我馬上產生了一種力量感，而這種感覺是我在講授拉丁散文和希臘語條件句時從來都沒有體驗過的。每到星期天的晚上，我總是在教室裡對我的學生講上一個小時的故事，儘管在倫理道德和知識學習方面，已經升入高年級的學生很難記住我的忠告，但是他們卻能記住我所講過的故事。

因此我覺得我們擁有一個獲取知識的快樂泉源，只是這一點總是被忽略，甚至是被輕視，學習的快樂被視為一種不該擁有的享受；但是我們不會犯下這樣的錯誤 —— 用體操代替體育比賽，扼殺學生透過個人表現所獲得的樂趣。有人曾經將一種快樂的美妙感覺稱為「作者甜美的驕傲」，那為什麼我們不能對此也給予鼓勵呢？最糟糕的是，我們過分期待具體的結果。我並不是說我們必須努力的培育莎士比亞、雪萊（Shelley)、薩克雷（Thackeray）這樣的天才人物，因為他們有屬於自己的成才之路！我根本不想把這一代人培養成三流的寫作愛好者。但很明顯的是，許多學生不僅能夠在欣賞幻想作品時獲得樂趣，而且在喚醒和認識某種小的幻想以及他們自己頭腦中的創造力方面也能夠獲得樂趣。當然，有些學生，不管是聰明的還是不聰明的，對他們來說，發展智力活動都是為了達到某種目的而讓他們所接受的一種「歷練」和「磨難」。但還是有相當多的學生比較羞怯，他們不敢讓自己的文學才能和想像力被別人關注，可如果把這些談成是理所當然的事情、是司空見慣的活動，他們就會帶著極大的樂趣投身於文學創作。例如，在英格蘭西北部城市的士魯斯柏立學校、佩斯利學校和卡萊爾學校，這項工作就是按照這個方向完成的 —— 我敢說，全國各地還有很多學校在這麼做，不過我親眼見到的就是這三所學校 —— 結果顯示，即使是資質一般的學生，也能夠進行詩歌和散文創作。

這種作文方法最大的亮點在於，即使無法對比較遲鈍的學生產生太大的效果，這門課也能夠以最有益於身心健康的方式來開發學生的創造能力，因為他們的頭腦如果受到壓制，他們在學習方面就很有可能朝著不健康、令他們苦惱的方向發展。

這樣，我的建議在很大程度上就變成了一種訴求，這種訴求就是呼籲在教育過程中更加直接的去培養孩子們學習的樂趣。我們的教育最嚴重的錯誤在於，我們沒有將教育的基礎建立在滿足人性官能的實際需求上，而是根據學究、道德家和實業家們缺乏營養的想像力，在假定的基礎上建構出了一種學生

應該具備的素質。

　　培養學習知識的樂趣，並從中獲得美的享受，首先要做的就是根據學生的實際感知能力來逐步提高他們的學習興趣。但是這項工作卻在教育過程中受到了最為頑固、最為愚蠢的忽視。性格的發展具有生物的本性，性格不能被附加；性格必須根植在個人氣質中，從精神層面獲得營養和食物，就像種子從看不見的土壤和隱藏的水中吸收其所需要的養分一樣。但是人們慣常的做法卻是直接的、猛烈的向幼小的學生介紹偉大作家的代表作，而學生尚未發育成熟的頭腦只能泛泛的欣賞作品的大概內容以及浪漫的故事情節。我們的文學教育的主要特徵，就是缺乏對文學作品的等級、層次的劃分和調整。當然了，在講授古典文學課程的初期階段會遇到一些困難，那是因為真正能夠引起學生興趣的作品並不多，無論是古希臘的還是拉丁的，這些對尚未養成成熟的文學學習習慣的學生基本上沒有什麼吸引力；但有些書籍，例如荷馬的作品和色諾芬（Xenophon）的《長征記》，本來可以喚起學生好奇心、充實他們沒有任何經驗的頭腦的，但是教學的方法卻讓學生覺得這些作品非常乏味，因為老師為他們提供的只是作品的片段，更多的時間全都用來透澈的分析語法了。比如說，即使像《愛麗絲夢遊仙境》這麼有趣的書，假如以每節課 20 行的速度來閱讀，所有主要動詞的時態都必須學會如何正確的使用，那麼這就只能讓學生們覺得這是一本令人厭倦和困惑的書。假如我們希望提高學生對於文學的熱愛程度，那就必須要做一件事，即允許學生以足夠快的速度來閱讀，使學生能夠在廣度和高度上獲得連續

閱讀的快感。不斷查閱詞典的做法本身就足以摧毀學生學習文學的樂趣；但總是有人辯護，說這樣做有利於增強記憶力。他們認為學生必須要努力的背單字，只有這樣才能免去翻詞典的麻煩。但事實上這種做法就是「撿了芝麻丟西瓜」。他們不希望學生去猜測一個詞的含義，如果學生沒能查出生詞的含義，還會被認為是逃避功課，而受到懲罰。有人希望，將來學校裡能夠越來越多的講授英語課程；但即使如此，把英語過多的當成一門學問來講授的危險依然是存在的。古老的牛津大學出版部印刷所就是一個很好的例子，他們沒能編出一本適合小學生閱讀的莎士比亞戲劇讀本 —— 這本書中的導言部分內容非常博學，帶著一副學者派頭，而其中的注釋部分則充斥著大量的文獻、引文出處和說明。事實上，假如進行快速的交流，在小學生的頭腦中，詞與詞之間的關聯和詞的派生對他們來說還是非常有趣的。大多數學生發現自己熟悉的詞隱藏在變體中的時候，都會做出非常愉快的反應；但這些只應該在口頭上進行傳達。我們最應該做的是教會學生如何能夠聰明的閱讀一本書。學習古典文學，詞彙終歸是一大難點，因此我本人非常懷疑，試圖讓一般的學生在一段時間內同時學習一門以上的語言是否妥當，尤其像拉丁語、法語和英語這三種同來源語言的學習，因為詞形都差不多，比如 spiritus，esprit 和 spirit，它們承載的含義完全不同。所以我們的當務之急是如何減輕學生的負擔，絕對不能讓他們意識到自己必須要把越來越多的精力放在記憶單字上面。讓我舉一個具體的例子吧，像《亞瑟王之死》或《最後吟遊詩人短詩集》這樣的書，即使是小學生也能夠很好的理

解其中的內容。老師可以在上課之前用輕鬆的語調說一說作品的年代、場景和主角，然後安排學生進行閱讀，遇到不懂的詞或者比較難的段落，老師可以解說一下，這樣整個故事的情景就會迅速呈現在學生的眼前。大多數學生都會本能的對詩歌的韻律產生興趣。當然，如果教師真的能夠用精神飽滿的感人方式來朗讀這些作品，就一定能讓學生留下極為深刻的印象，獲得非常好的教學效果。因此每位老師都應該訓練自己這種能力，這是優秀教師的必備條件之一。我真的希望學校每天都能為所有的學生安排一個小時的閱讀課，並因此形成教育的扎實基礎。一部分課時可以用來上英語課，一部分課時可用來上法語課，因為在法語的閱讀資料中既有簡單的記敘文，也有歷史傳奇，範圍比較寬泛。堅持我們的目標非常簡單，那就是讓學生從這些書中獲得興趣、樂趣和情感，只有那些具備扎實知識素養的學生才能夠獨立的去啃讀這些書籍。教師應當精心的向學生們描述這些書籍作者的個性。這樣讀書的結果，如果堅持下去，就能使學生產生一種認知，也就是說，書和作者並不是孤立的、與讀者隔絕的，我們要讓學生認知到，一個民族的文學就像是一棵枝葉茂盛的大樹，枝杈相連，相互纏繞，而且這些文學書籍能夠忠實而又生動的反映不同時代的思想觀念以及作者的立場，這不正是更廣博的知識所給予我們的最富有激勵作用的獎賞嗎？有些書之所以枯燥乏味，是因為讀者根本不知道作者為什麼要不辭辛勞的，用特定的方式，在特定的時間裡表達自己的思想。在我很小的時候，曾經讀過一本書，但是對這本書的由來卻感到非常模糊，這曾經讓我茫然的以為，寫出

這樣的書來讓我讀，這個作家真的挺討厭。但是一旦你理解這些書中所表現出來的作者的品味、審美觀念、情感或是樂趣，整個事情就會呈現出不同的面貌。

　　同樣的原則和方法還可以應用於歷史課和地理課，如果這兩門課沒有被視為孤立的現象，那麼根據學生自身的體驗，告訴他們外邊的遙遠世界正在發生的事情，也可以引起學生的興趣。其目標是慢慢的拓展學生們的視野，向他們說明，歷史保留著今天的種子和根系；而地理則是他們在周邊所能看到的生活戲劇在不同的氣候和地形條件下呈現出的變化。有些知識令未成熟的頭腦覺得枯燥可怕，那是因為這些知識本身表現出來的是一堆需要掌握的乾癟教條，與學生的自身體驗沒有任何實際的、明顯的關聯，所以我們的目標應當是教會學生以極大的熱情和興趣來觀察他們自身的小圈子外所發生的事情，幫助他們有意識的沿著時間和空間的路徑前進，這些路徑從學生自身所在的位置向各個方向發散開來。

　　所有存在著關聯的知識都具有一定的刺激作用，所有沒有關聯的知識都是呆板的，這種說法無可爭議。在所有的學科中，最富有成果的也許是生動的傳記，凡是認真的教師都可以完成這項比較有價值的任務，為學生們提供他們的頭腦能夠理解的一系列偉大人物的生平事蹟。一般說來，一流的傳記需要讀者具備大量的知識，而且對於學生那儲備不足的大腦來說，這些知識量顯然是難以達到的。但是當我一次又一次與學生們在一起的時候，卻發現簡單的傳記課程在所有的課程中是最吸引人的。有一段時間，每當我和自己的孩子在一起的時候，

我總是隨意的從書架上取下一本書，然後從中選取一、兩段有趣的篇章為他們朗讀，向他們解釋為什麼作者會選擇這樣一個主題，作者為什麼要這麼寫，作品的創作背景，例如作者的生活、性格以及作者所處的時代環境等等。

所有這一切都會遇到以下困難：知識的領域是那麼廣闊，涉及的門類有那麼多種，但我們的學生的接受能力卻是如此有限，用來接受教育的時間又是那麼的短暫，這些都會導致我們在努力克服這些困難的同時感到膽怯和畏縮不前。此外，我們還有一種模糊的看法，認為見多識廣、知識豐富的人就應該大致了解這個世界的本來面目、歷史的進程以及不同時代的文學；但與此同時，科學家們卻認為自然過程和自然規律等方面的常識才是更為迫切需要了解的。在這裡我不想探討科學，但是我完全贊成科學家們的信念 —— 學習科學常識是非常重要的。不過，儘管我們相信，讓學生多掌握一些知識是明智的，但結果呢，我們卻一直在像抹漿糊一樣把最乾巴巴的知識薄薄的塗抹在學生的頭上，而所有生動的學習生活卻在知識學習的過程中被蒸發了。坦白的說，知識這個東西太過龐大，試圖全面學習是不可能的；因此我們今後需要適當的、盡可能去面對面的去抵制純粹的知識的學習。我們必須要努力去做的就是教育學生開發自己的好奇感、興趣感、想像力和同情感；我們必須從學生自身開始，引導他們擺脫自身的束縛。最真實的目標是要讓學生產生這樣的感覺，即在他們身邊充滿了大自然奇特而又美麗的奧祕，對於這一點，他們自己就能夠觀察到某些現象。在人類歷史上，在學生身邊的偉大世界中，到處都充滿了

有趣的、生氣勃勃的人物，他們做過苦力、辛苦的工作過、愛過、行動過、忍受過痛苦、犯過罪，感受過低劣和自私的欲望衝動，但他們同樣也有美好的、崇高的和鼓舞人心的希望。我們要讓學生們相信，心胸狹窄、待人吝嗇、無禮傲慢、無端猜疑、斤斤計較、自我滿足都是不好的行為。透過想像而產生的同情心，將是我們所有努力的結果。如果我們的目標只是產生一種同情感，那我們所得到的或許是含糊的感情主義，這些只是由於表面的痛苦而引起的悲傷，並且急切的希望能夠暫時得到緩解，但是這樣做的結果能否完全治癒身體機能和習性方面的毛病，卻是無法反映出來的。如果我們的目標僅僅是想像力，那麼我們所得到的只能是戲劇性的場景和浪漫的藝術性樂趣，並沒有什麼特別的意義。我們的目標應該是培養對別人的憐憫之心，培養體諒他人的同情感以及對於別人的讚美和仿效；想像力本身能夠關心情感的起因，但如果沒有想像力，這種感覺就只能是含糊的，這一點必須依靠想像力來增強。我們一方面希望學生憎恨權力行使過程中的專橫、霸道、偏執和冷酷，另一方面還要懷疑權力行使過程中的愚蠢、無知、卑鄙、自私和猜疑等行為。研究和學習高水準的文學是有價值的，不僅僅是因為可以增進學生的學識，提高精美語言的運用能力以及培養學生的欣賞品味，而且還因為偉大的作品能夠反映出人類本性中最崇高的希望和最寬廣的視野。伴隨著感知的能力和情感，認識並理解他人的生活、他人的需求、他人的活動和他人的問題 —— 與此相比，那種只是明確的拓展知識範圍的教學，並沒有發揮多麼大的作用。

不要覺得我肯定是因為力不能及、忽略了對於邏輯分析能力和理性判斷能力的強有力運用才說這些話的，那只是教育的一個方面；我在舊的理論中發現了嚴重的缺陷，那就是幾乎所有的教育力量和教育策略都專門用來強化學生的頭腦，把學生的頭腦製成一件完美的工具，但同時卻無法看到學生的學習動機，在缺乏動機的情況下引導學生使用這一工具，其結果必然會導致學生以為是在為自身的優勢而單獨的強化自己的頭腦。不管怎麼說，這種短見的利己主義的理論必須要被修正。我的目標並不是想要簡單的向學生指出，他們能夠從文學巨著中獲得多少自私的樂趣；相反，我是想要向他們說明，在這個世界上，他們並不是孤立存在的，並不是與世隔絕的。對他們來說，爭取和保留能夠得到的一切都是無可非議的；但是他們又透過情感和利益與夥伴們連結在了一起，而且幸福感的程度取決於他們是否意識到了這一點，因此他們對社會的貢獻以及在社會中的地位就必須依靠自己公正、無私、忘我的精神來獲得，還有他們願意用什麼樣的態度來與他人分享自己的優勢。《公民學》（大家都這麼叫）這門課程的開設也許能夠在這一方面發揮些作用，比如向學生們解說與社會接觸需要注意哪些問題。但是，在社會構成中，根本沒有什麼有益的「使用說明」，除非是用某種方法來激發有責任心的動機，使這些人能夠像英雄一樣具有美好的為國服務的美德。

　　我之所以談論想像力的訓練，真正的用意是說要激發學生的動力。所以我再次聲明，這一點必須要把學生自身的體驗作為基礎。學生能夠很好的理解各種可能性，比如當涉及某個小

第七章　論想像力的培養

圈子、他的家庭和他的親朋好友時，他就能夠感受到情感。但是，就像大多數幼小的動物一樣 —— 實際上也包括相當數量的成年動物，牠們往往會對不熟悉的人和事持有懷疑態度，預先就產生了敵意或者表現出冷漠的態度。如果他願意與別人分享某種關係或者某個朋友，他就會急切的阻止外面的人進來。為了培養他富有想像力的同情心，使他深刻的理解其他人的行為方式和思想，讓他清楚的意識到，就算能夠喚起自己的信任感和高尚的品格，也無法壟斷自己的小圈子 —— 這是我們必須要教給他們的，因為這恰好不是那種憑藉本能就可以逐漸養成的能力。

如此看來，為了說服學生去信仰高尚、美麗的生活，去信仰構築社會模式以及將社區連接在一起的偉大思想，那對想像力的訓練就需要我們付出真誠的努力。這樣的事情不可能在一年間或十年間完成，但這的確應當成為教育的首要目標，讓學生從一開始就想像應該如何與他人建立友誼，讓自私的個人主義無處藏身。這也許不是教育唯一的結局，但我不相信還有什麼樣的結局能比它更高尚、更神聖。

第八章
論公民素養培養

一、公民素養的直接培養

在國民生活中，任何社會機構在其管轄範圍內都有培養公民的責任和義務 ── 無論是男性公民還是女性公民，這是它們所面臨的共同問題，這個問題的本身呈現出多種多樣的形式，而且培養的目標包括不同年齡、不同經歷的人群。從根本上講，這也是所有學校和所有教育場所最主要的問題。

按照教育改革家康米紐斯（Jan Amos Komenský）的觀點，教育的終極目的是為永生做準備；教育的直接目的是為現實的人生服務，培養具有「學問、德行和虔信」的人。根據這一定義，我們可以得出的結論是，所有的學校都必須擔負起責任，為了所有學生共同的利益，盡最大的努力去培養學生的身體能力、智力以及精神力量，這是辦學的根本目的。學校必須要確保將最優質的種族屬性應用到公民素養的培養工作上來，這是一種藝術，它將人類生活的最高水準作為衡量標準，讓全世界人們都可以在這種標準下生活。

事實上，公民的素養經常會透過一個城市的意識來得到闡明，這個問題也是所有人類美德中的焦點問題。它以一種非常實際的方式表現出了勇往直前的精神、無私的精神以及同情心，無論是戰爭期間，還是和平時期，它都可以展現出為國奉獻、服務的精神。一般說來，英國的公民素養培養和民主政治的步伐是協調一致的。

　　「民主的進步不可阻擋，」法國歷史學家·托克維爾[43]說：「因為這是歷史上最一致的、最古老的和最持久的發展趨勢。」

　　但是民主的正確運轉完全依賴於人的素養的提升，不僅僅是智力方面，還有精神方面。民主社會優於其他所有的社會形態，因此必須透過學校在同一時間告知學生有關民主社會政府的理論以及方式、方法等方面的資訊，從而激發人們為社會做出自己的貢獻，而不能只顧著自己的個人福利。還有，這些學校應該宣傳國家利益高於個人利益或集體利益的觀點。民主國家一直被比喻成「一位個性龐大的基督徒，一位強壯高大而又最誠實的人」。根據這一比較所產生的公民概念已經超出了單一國家的界限 —— 一個誠實的人置身於很多誠實的人中間 —— 因此，學校的職責就是開拓很多國家人類生活的知識和同情心，滿足人們的活動和願望。國家間的禮貌謙讓直接產生於他們在知識和精神方面所獲得的誠實感，而國家的真正力量更多的在於如何將這些素養發揚光大，而不是擴張領土和提高生產力。

---

43 托克維爾（Alexis de Tocqueville，西元 1805 ～ 1859 年），法國政治思想家和歷史學家。他最知名的著作是《論美國的民主》以及《舊制度與大革命》，在這兩本書裡他探討了西方社會中民主、平等、與自由之間的關係，並檢視平等觀念的崛起在個人與社會之間產生的摩擦。在《論美國的民主》一書裡，托克維爾以他遊歷美國的經驗，從古典自由主義的思想傳統出發，探索美國的民主制度及其根源，這本書成為社會學的早期重要著作之一。托克維爾提出以私人慈善而非政府來協助貧窮人口的主張，也對於日後的保守主義和自由意志主義有著深遠影響。托克維爾曾積極投入法國政治，包括了從七月王朝（西元 1830 ～ 1848 年）至第二共和國（西元 1849 ～ 1851 年），但在西元 1851 年的政變後他便退出了政壇，並開始撰寫《舊制度與大革命》，但只完成了全書的第一卷便去世了。

第八章 論公民素養培養

　　學校裡講授的所有課程都應該符合大多數公民的需求；如果無法做到這一點，要麼是因為開設的這些課程是錯的，要麼就是因為根本沒必要開設這些課程。

　　社會福利取決於個人對知識的正確使用，不論他們的知識是多麼有限或是多麼豐富，也不論他們所接受的是初等教育還是高等教育。

　　相對而言，在學校裡培養社群精神也是非常重要的，但是採用直接的方式來教育公民的做法卻一直存在著爭議。這些方法其實並不是相互排斥的，操作起來也有顯著的區別。一個學校如果沒有開拓社群精神，沒有在校內發展適當的培訓工作，沒有培養出完整的人才，顯然存在著缺陷。當然，有些學校並沒有在公民教育方面進行直接的指導，我們便不能做出同樣的批評；因為間接的教學方式簡直太多了。有些人認為，從結果上說讓人覺得難以理解，但讓他們明確的承認自己的成功或失敗也是非常危險的行為。在這一方面，英國和美國所付出的努力還是很有借鑑意義的。

　　在很大程度上，隨著我們對國民教育與生產力之間的直接關係的認知變得越來越深刻，其結果就導致了很多跡象的出現。有人曾經用普通的論點做出了很好的論述：

　　因為戰爭，在我們的人民中間已經產生了一種新的民族精神；假如我們準備在戰爭結束時恢復和改善我們國家的地位，這種民族精神就必須得到保持；除非每個男人和每個女人都開始了解並感覺到工業、農業、商業、航運和信貸是需要國家高度關注的事情，而教育則是促進這些事業發展的強有力的

方法，否則即使我們做出了極大的努力，也無法恢復國家的元氣。說得再簡單一點，我們的大公司就賺不到錢，利潤就會降低，靠薪水生活的工人就會失去工作。

透過擴展教育體系來滿足技術培訓的需求，這也許會引起某些人的恐慌，尤其是那些渴望透過培訓來充實教師資格的人。他們想要堅持讓教師得到廣泛和全面的培訓，但其實每一門職業技術教育課程都包含著對公民的直接指導，他們大可不必如此。論證是現成的，隨時都能拿出來，也非常簡單。假如所有的男人和女人都必須努力而又完美的做好自己的工作，他們就需要學會如何參與政府事務，無論是國家政府還是當地政府，因為政府是靠他們的工作支持才得以正常運轉的。此外，正確的學習一門行業知識或一種職業技能，可以引導他們感受到人類所有活動之間的相互關係。

另一方面，到目前為止，我們已經有了開設手工訓練課程的學校，但最重要的是職業教育工作應當引入普通教育的計畫中來。在這一方面，教育委員會諮詢小組在最近提交了一份報告，報告中充滿自信的提出了這樣一個建議，即包括木工和縫紉在內的手工訓練在中等學校都應該成為不可或缺的課程。他們的報告值得一讀：

我們認為，目前的中等教育形式過於單一，只是透過課本和教師的講授來培養學生們的頭腦。作為平衡性和完整性的一個條件，智力才能的培養和手工技能的培訓也必須包含在這一重要的目標內，而這也許只有靠系統工作才能完成。

這樣一來，所有的腦力工作者與那些既能用手又能用腦

的人之間就可以形成自發交流和相互理解的接觸。萊瑟比（Lethaby）教授強烈呼籲盡快開設這些課程，他堅持認為：「有關勞動技能的一些課程必須要納入我們的教育計畫。」

大家一定還記得，以前就曾有人提議，年齡滿 18 歲，沒有在中等學校學習過，或者在中等學校學習期間沒能很好的完成學業，不管是男生還是女生，都需要接受義務繼續教育，因此，職業教育與這一制度的關係最為密切。

在我們的人口中，有相當比例的人沒有充分接受過各種階段的教育，而教育在很多方面都需要進行改革，對此，我們應該密切觀察；不管怎麼說，這些問題都深深的影響著公民素養。

正是由於我們早就期待著這項工作的展開，因此儘管缺少細節上的說明，學校在培養公民素養方面可以做到的事情，我們經過考慮，認為必須要包括以下幾項：

1. 所有的孩子都必須接受一段較長時間的小學教育，在此期間，除了教育用途外，禁止僱用孩子從事其他任何工作。

2. 為所有年齡已滿 18 足歲的男生或女生建立義務繼續教育學校，在保證其完成工作任務的前提下，合理安排他們在學校上課的時間。

3. 從初級學校一直到大學，為有資格的男生和女生提供全面的機會，使他們能夠繼續自己的技術研究和人文學科的學習。

4. 改善師資配備，加強師資力量，與大學院校合作，對任課教師進行培訓，以獲得良好的教學效果，並且建立起相應的薪酬制度，確保這些教師的生活能夠達到他們的基本要

求，以便讓他們更好的承擔起職業責任。

透過學校培養公民素養的兩個主要發展方面已經得到了一部分人的注意，也許我們可以做出如下總結，並分別加以考慮：

1. 直接對市民或公民授課。
2. 透過普通的學校社群培養公民的優秀素養。

二、公民的直接學習

對公民關係的研究，從某種程度上說，美國要比英國做得更好，發展得更快，這很有可能是源於這樣一個事實 —— 美國人的需求比英國人更加明顯。不同民族和不同國籍的人們不斷的湧入美國，在一般情況下，對於這些人，政府的目標就是使他們變成美國公民。同時，為了讓抽象的研究適應真正的實踐，美國人的部署也要比英國人大得多，他們將課堂與工廠、市政廳與國會大廈都連接起來了。正如美國一位學者所說的那樣：

學者的生活，不管是靈感還是浪漫，在於完全相信真理；不管多麼偏遠和隔離，都是世界上的真理的一部分，都具有意想不到的實用性，是可以付諸實踐的。

在美國有許多的學會和協會，其中教育方面就有美國教育協會、美國歷史學會、美國全國市政聯盟和美國政治學協會，

第八章　論公民素養培養

這些組織穩定的展開工作，透過對公民素養的研究，確定了教育體制在各個方面展示出來的基本特徵。他們的主要目的可以歸納為以下兩點：

1. 讓人們意識到，在社會環境中，法律對公民的約束是有好處的。

2. 讓公民了解政府的組織形式和行政管理方法，以及相關政府部門的職能。

這些學會聲稱，透過讓年輕的公民直接接觸社群和國家的重要生活狀況，就可以達到這些目的。為了能夠更加清楚的說明這個問題，他們為自己正在進行的研究起了個名稱，叫做「社群公民狀況調查」。

之所以有人會產生不真實的感覺，很顯然是因為在學校裡沒有系統、完整的學習知識所造成的，這一論證符合與外部社群緊密連結的要求，而且這種關係從始至終也得到了維護。

還有一種比較一致的意見，那就是公民應當從小學階段的課程開始接受基本素養教育：

「我們認為，」美國歷史學會第八委員會的一份報告中說道：「公民的基本素養教育應當滲透到兒童的整個學校生活中去。在低年級階段，這種教育的最顯著特徵就是在學習的過程中直接與常規課程結合起來。透過詩歌、故事和歌曲來加快培養影響公民生活各種情感的速度。名人傳記和名著閱讀為間接的指導公民提供了很多機會。地理課的內容可以用來強調人類相互依存的關係——這是最早開設的對公民具有指導意義的

學習課程。美術作品和建築樣式的欣賞有助於喚起公民對美和條理性的渴望。」

美國政治學協會下屬的一個委員會最近提出質疑，他們非常明確的指出，美國各州大部分小學和中學實際上都開設了政治學課程，結果也令人非常滿意，這也許清楚的說明了我們必須要在教育方面做出改革了。困難在於如何為學生提供合適的教材，在授課過程中增加一些當地的資訊可以部分的解決這一問題。

但是，很少有學院和大學會不開設政治學課程。

沒有人聲稱為公民講課就能夠培養出好的公民，但是這種方式也許可以能夠讓好的公民變得更加優秀。開設這門課程的理由其實在於它自身的內容。

這種學習是人類社會發展過程中的一個重要階段，它的價值與中小學所開設的基礎課程是同等重要的，就像自然科學和歷史等學科一樣。

此外，美國人的各種報告從始至終都堅持著學校中社會理想的力量，宣傳學校履行職責所必須遵守的紀律，以及正確評價個人行動與班級、學校關係的重要性。

在英國，對直接教育公民的宣傳一直都很籠統，而且不是那麼協調；出於各種不同的原因，這項工作似乎還沒有被引入學校，似乎也不太可能在現有的學校中得到發展。

1915 年，公民及道德教育聯盟對教師和學校展開了詳細的調查。他們宣布的結果令人失望，儘管他們可以用一句無可爭

議的格言來安慰自己——「做的最多的人沒有時間來談論自己的工作。」作為調查的成果，他們起草了一份聲明，其中陳述了公民教育的目標。這份聲明在整體目標和具體目標兩個方面都和美國人所接受的觀念多多少少有些不同。

假如義務繼續教育制度能夠被推行——現在有很多公民在小學畢業後就沒有再接受過教育，至關重要的一點就是，在公民年齡滿 18 足歲以前，應該以什麼樣的方式來對他們實施直接教育呢？而且，正是這類公民學校——而不是中小學，應當付出建設性的努力。

我們必須要記住，當時的一位教育大臣曾經將這一科目引入了西元 1895 年的初級教育法令中，並提供了詳細的教學大綱。這不僅普遍被認為是改革派官員的行動，而且還被認為是一種新的自由精神，並且呈現在教育體制外。

有些權威教育部門，例如在賈斯特郡，他們所頒布的法令規定，公民學習應當與宗教教育一起進行，但是大多數地區都將教學事務交給教師來全權處理，任由他們對其他課程進行必要的改編，並發展學校精神。

教育大臣還煞費苦心制訂出了一套教學大綱，他的本意是提倡分類教學，但這一目的不僅沒有達到，反而導致了失敗。有人認為這份大綱從心理學角度上來看是很不健全的，更何況他們現在還沒有合適的教材。但是，整個教學過程通常會特別取決於某一位教師的個性，如果這位教師對自己所講授的課程感興趣，那麼他自然而然的就會想辦法來解決教材問題。

在《寄宿學校研究》一書中，作者以令人愉快的方式為我

們介紹了一堂課。這堂課是以「我為人人，人人為我」這一利他主義的主題向年輕的公民講解「稅率」問題的。「公民卡洛斯」，一個疲憊的送報人，每天 5 點鐘起床，他很有熱情，對這堂有趣的課反應強烈。課程一開始，是老師先在黑板上畫一幅示意圖，圖上寫著「濟貧院、寄宿學校、免費公共圖書館、路燈杆、灑水車、清潔工人、警察、蒸汽壓路機、挖土機、鏟車等等。」

假設有位名叫史密斯太太的納稅人，很顯然，她已經從稅費改革中獲得了很多的好處：她受到保護，不會受到任何的傷害；她的財產是安全的；不論是白天還是夜晚，她都可以悠閒的在大街上散步；下水道堵了，有人會為她疏通；家裡的垃圾，有人會替她清運；她有書和報紙可讀；如果她有 10 個孩子，她可以讓孩子們接受很好的免費教育 —— 因此，如果孩子願意學習，正常上學，等他們長大成人後，就能夠輕鬆的謀生賺錢，過好日子；如果她生病了，可以去醫院接受治療；就算到了年邁體弱的那一天，她沒有能力再去支付租金、購買食品和衣物，也會有人為她免費提供這一切。

「請不要再說下去了，帕克斯先生」，「公民卡洛斯」突然急切的插嘴說道。

如果馬斯特曼（Masterman）教授所提出的「優秀公民」的定義是對的 —— 那麼「公民卡洛斯」就是一位毫無怨言的納稅人 —— 不管他處於何種不利的地位，都能夠保持理智，讓自己成為這樣的公民，而且在草圖上，「公民卡洛斯」當然確定，稅費都會得到合理的支配，因為他本人在以後的日子裡也擁有

投票權。

這樣，某些課程的講授很可能會比課程表上安排的更頻繁一些。很少有小學校長會拒絕在他們的學校對公民展開合適的教育。他們會解釋說，在公民教育方面，因地制宜的著手進行歷史和地理課程的學習，是非常有效果的，這是一種慣例，而不是非要組織學生到學校附近的歷史遺跡去參觀。比如女王維多利亞誕辰紀念日的帝國日也應該被利用起來，以便喚起公民對於國家利益的關心，並藉此機會來鼓勵公民了解相關的國家機構。所有這一切可以透過合適的閱讀資料得到加強，這些書就是間接的指導工具，效果不一定會差到哪裡去。

儘管許多中等學校有能力、有條件保證每週至少拿出一段時間來專門考慮當前的事件，而且非常自然的，歷史和地理課程能夠更完整的考慮國內與海外的制度和公共機構，可是與小學相比，中等學校並沒有利用其自身優勢為公民教育提供更多的機會。

展開地區調查和當地民意調查的想法也獲得了一定的進展，而且這種做法在某些方面將被證明與美國高中的「社群公民狀況調查」同樣管用。

曾經有人試圖將經濟學課程引入中等學校，但最後他們卻沒有堅持這樣做。1913 年，由教育委員會頒布的《中等學校課程備忘錄》中就曾提議：「適當開設商務課程，使那些想要畢業後進入商界的人有機會學習一些商業策略和商業理論，與此同時，還可以設置政治史和制憲史等課程。」顯然，教育委員會期待從普通課程當中選出一些課程，透過特別努力，按照不

時出現的公共利益需求為公民授課，這樣學生就能夠從大體上了解社群周圍各方面的情況，了解政治學的一些基本原則，了解有關社會改革運動的思想觀念，以及一部分國際問題了。如果這樣做，他們就能夠學到一些實際的、與成人生活密切相關的入門知識。

　　按照這個方向，明智的學習一些語言能夠產生實質性的幫助。儘管這一點在古希臘語和拉丁語方面特別有效，但是我們找不到任何理由說現代語言學習是無法達到同樣目的。然而，經常會有這樣的情況出現，歷史學習和現代國家制度方面的學習沒能充分的與母語的學習連結起來。

　　與剛剛成立的一些中等學校形成鮮明對比的是，英國的公立學校和文法學校更像是學習古典文學的家園，正是透過這些學校的工作，古希臘和古羅馬制度方面的知識才能夠最大程度的對公民產生影響。

　　作為一門課程，政治學在大學院校已經得到了普及和發展，與此同時，在最近幾年時間，對大英帝國及其制度的研究也很自然的獲得了快速的進步。也許我們還應該注意到一些獨特的傾向。這些傾向源於對戰爭的體驗，它們促使人們建立專門的學校，研究和學習外國的制度和思想。在一些經濟學校和歷史學校中，人們盡可能多的嘗試著學習所有以「公民教育」這個名義開設的課程，畢竟這些課程可以被定義為政治學和社會科學，並以直接和實際的方式進行講解。

三、對公民進行的間接培訓

　　該說的和該做的全部完成之後，在學校裡對公民進行培訓，這一理想的實現更多的需要依靠學生的智慧，而不是公民的直接學習。假如男人和女人能夠將自己的精力投向正確的方向，他們就能夠像尋覓寶藏那樣急切的尋求知識。「智慧的力量超越了一切行動，純淨的智慧能夠穿越並承受任何事物的考驗。」

　　按照自然的順序，還有這樣的情況可能會發生，那就是在學校裡培養學生的精神世界，將會催生一些新的機構的建成，以便與精心策劃的學校生活連結起來，並確保其得到適當的表達。

　　然而，很多小學在採用這種方法的時候仍然存在著諸多的缺陷。假如發生這樣的情況，也就說明除了教育活動和娛樂活動之外，學生在校讀書期間不但被禁止工作，而且在學校的生活週期也被延長了，這樣，在自治基礎上展開的體育活動就有了機會。在這方面，小學生的積極性很高，也很有創新能力。他們願意讓自己的學校變成孩子生活的真正中心。眼下，很多小學生除了狹窄的房屋和街道之外，就再沒有什麼活動空間了。

　　因此，有重點的發展一些運動為課餘活動的有序進行提供了機會，例如基督少年軍、童子軍、女童子軍等，這些組織透過不同的方式為提高公民的素養做出了很大的貢獻。如今，這

樣的團體已經成了教育界的權威，透過他們可以把班級和教育委員會連結起來。

　　曾經有許多人嘗試著在小學裡展開自我管理的試驗，其中很多試驗因為小學生不夠成熟而被迫宣告失敗，但是也有一些試驗獲得了極大的成功。例如透過普選的方式來選舉班長就非常成功。受到蒙特梭利教育法的啟發，一些擁護者也有了自己的想法，他們採取措施在小學生活動的很多方面給予更多的自由。在聖潘克拉斯附近，一個以工人階級家庭孩子為主體的互助社群，就做了很多有趣的試驗。但是，兒童模擬法院的試驗卻遭到廢棄，因為兒童心理學方面還有很多重要的課程尚未開設。

　　與小學一道，英國的很多中學和大學也在進行著類似的嘗試，它們的做法類似「學校城市」和「美國喬治青年共和國」所展開的實驗，其中最著名要屬「多爾切斯特小英聯邦」。透過接收失足兒童並允許學生進行自我管理，他們的試驗獲得了令人震驚的成果。但是，與預期的結果一樣，學生們像成年公民一樣完全承擔起了自己在生活中的義務，恢復了青春的活力，並且榮幸的投身於為社會的服務中去，他們最終將會得到學校最好的評估，而且很自然的，在這些機構的組織下，每個人都能夠得到很好的照顧，進而保證了他們受保護的公民身分，到外部世界的過渡不會變得過於突然，但這也導致了有些學生認為自己所融入的是一個不真實的社會，完全脫離了生活的實際。

　　最近，一些學校以及類似的機構所做的試驗在原理和方法

方面幾乎都採取了合作的方式，但是，認為設想的教育方法能夠獲得極大的成功，而且不用展開競爭，這些很有可能都是烏托邦式的空想。如果競爭是從校外獲得的一種試驗方式，那麼必定也會在校內被複製。學校需要做的應該是限制競爭對於學生的影響，使其有利於學生的身心發育。

小學生進入中學以後，在學習上將會面臨獎學金的競爭。與教育委員會的諮詢委員會一樣，我們必須要接受這樣一個事實，即目前的「獎學金過度的植根在了這個國家的方式、習慣和特點上，這是有待取消的制度──儘管這樣做在理論上可能會受到非常強烈的譴責」。但是，從公民的利益出發，獎學金應該授予非競爭性的測試，只要能夠確保每個孩子都能接受適合的教育就可以了。

很多攀登教育階梯的人會在考試前產生很大的壓力和強烈的緊張感，這種狀況經常是由於獎學金不夠充分引起的，因為申請獎學金的目的往往是用來發展非常強烈的個人特徵，很顯然這是有損於大眾利益的。

遺憾的是，現代教育課程的很多科目不但無法培養人們適當的社交能力──甚至無法為鄰居提供幫助，而且顯然學校也存在很大的過失，因此學校很有必要透過引進一些科目來打破這種平衡，讓學生為了班級和學校的利益而努力學習這樣的科目。例如手工課和社會調查就具備了以上這些性質，它們應當與體育活動一起受到鼓勵，因為體育活動具有三個最基本的特徵──個人成就、比賽獲勝以及「遵守規則」。至於公民，與他們關係最為要緊的就是最後一條。

　　人們普遍承認，規模較大的公立學校最能表現英國學生生活的特色，尤其是當他們處於最佳狀態的時候，就像他們在繼承優秀傳統方面所獲得的成就一樣，是非常光榮的。此外他們總是有機會讓自己適應新的需求。他們的改革也總是處於討論之中，即使是到現在，他們也仍然在等待著某個人的偶然出現——在新的英格蘭領導他們，因為英格蘭無法避免的會變成新的。即使如此，他們所提出的責任感已經被轉化成了英國政府的責任。

　　公立學校的學生渴望為家鄉的政府貢獻自己的力量，他們的目標一直都是議會，或是依照家庭傳統為當地類似的機構服務。不過，對城市議員或窮人法律監護人輕視的傾向也正逐漸得到扭轉。一些對窮人家庭生活狀況比較了解的人，或者本身生活就比較貧困的人，也可以走進學校為學生們作報告，很少有學校會不歡迎這些訪問者。透過這種方式，學生們能夠知道失業到底意味著什麼，渴望學習卻無法獲得學習的條件說明了什麼，那麼多的孩子究竟忍受著什麼樣的痛苦等等，由此，他們也得到了展現自己同情心的機會；而且，除了很多學生馬上就能夠培養出來的實用興趣之外，還有一點是不容置疑的，學生們將第一次從行為準則上，為自己構想出一個步入社會生活後的理想，儘管這個理想還是朦朦朧朧的。感謝寬宏大量的校長們的不斷努力，因為越來越多的公立學校的學生已經認知到，他們是過去精神的受益者，不僅在高貴的傳統方面擁有創造性，而且在實際的學習生活中也可以得到教育設施的提供和教學活動的財政資助。

第八章　論公民素養培養

在不遠的未來，大學的教育規模有可能會擴大。古老的牛津大學和劍橋大學，它們偉大的學院制將得到加強，至於那些19世紀末和20世紀初建立的大學，同樣也會如此。我們要求更多、更好的培訓教師，這不可避免的會導致更多的大學的創建。到目前為止，我們國家的大學教育經費一直不夠充足，據此看來，將來可能會得到經費的增加。

大學生活為大學生們發展自我管理機構提供了大好機會，這樣做的直接結果是沒有任何疑問的，在培養公民素養方面，大學必須被視為最有力量的機構，它的影響力超過了所有其他學校以及大多數的教育機構。公立學校的傳統將被直接帶到老牌大學，而且隨著公立學校最好的精神傳統逐漸滲透到我們的整個教育體系，甚至一直滲透到了小學教育本身，這些優秀的傳統也會在相當大的程度上進入新的大學。如果在自我管理方面為學生生活發展所提供的充裕機會完全得到實現，如果有偉大的教師能夠超越一切出現在那裡，繼承了一位主教所說的──「展現柏拉圖的存在，讓他的頭腦駐足歇息，心中燃燒著思想，他和人類之間、他和他本人之間存在著一條連結的紐帶，並在此後一直保持下來」──那麼所渴望的東西也就就不算什麼了。每所大學都必須要有這樣的教師，或者說大學教師應當趨向於達到這樣的水準。羅斯伯里伯爵（Earl of Rosebery）在帝國大學代表大會上說：「靠著你們大學的基調和氛圍以及你們的教授，你們就可以向學生灌輸品格、道德、能量和愛國精神。」

從某種角度來看，歐洲所有的老牌大學──波隆那、巴

黎、布拉格、牛津、劍橋等等 —— 如果將它們按照不同的時期進行劃分和隔離，它們一定會在清醒的狀態下明確的表示強烈反對 —— 它們會認為這是一種反公民的力量。從歷史上講，這些大學是社會共同利益不斷向前發展的結果，它們所展現的是在知識追求這一偉大而又神聖的事業中所發揮出來的保障作用，最重要的是，它們的發展歷程其實就是歐洲統一和歐洲公民權的發展歷程。

封建制度依賴的是對地域進行劃分 —— 王國與王國、封地與封地之間的分割，依賴的是血統和種族之間的差別，依賴的是物質上的霸權和強權，依賴的是在偶然條件下形成的地域以及對於社會地位的忠誠。而另一方面，大學作為一種中堅力量，則堅決的對這種將人與人分離開來的做法表示反對。最小的學校其實就是歐洲，而不是什麼其他的地方。

從最好的方面來看，大學所展現出來的精神特色如果能夠與各階層勞動人民的內在精神連接起來，就能夠獲得更多的為公民教育發起運動的機會。最著名的例子出現在西元 1882 年召開的牛津合作大會上，當時阿諾德‧湯恩比 [44] 強烈的要求與牛津合作的學校要承擔起公民教育的使命。關於這個意願，他明確表示：「要為每一位公民提供受教育的機會，教育的內容

---

44 阿諾德‧湯恩比（Arnold Toynbee，西元 1852 ～ 1883 年），英國 19 世紀的著名經濟史學家，是著名歷史學家阿諾德‧約瑟‧湯恩比（Arnold Joseph Toynbee）的叔父。他是第一位將英國在 18 世紀因為工業技術改革，以致生產力大幅度提升的時期命名為「工業革命」的人。湯恩比在倫敦出生，曾任教牛津大學貝利歐學院。他愛研究社會改革，並與成年學生一同研究。倫敦一所大學宿舍「湯恩比樓」就以他的名字命名。

涉及公民與公民、公民與整個社會的關係。」他進一步說道：
「如果將我們自身與社會分隔開來，我們就會放棄、有充分的
理由來放棄實現公民權的努力。我們永遠也不能放棄這樣一種
信念，即公民權還需要從平凡世界的壓力和困惑中來贏取，我
們正在推動世界前進。」從那時起，合作者們年復一年的研究
著公民教育這一理想，並組織展開了一定的教學活動。

　　另一個例子展現出了更大的力量，這股力量是在劍橋大學
「大學推廣運動」的宣導者與工人群眾合作的過程中產生的，
尤其是在羅奇代爾與諾丁漢的工人合作的過程中，緊隨其後就
是歐洲的勞動人民正面臨著史無前例的文藝復興，而且在煤
礦工人大罷工爆發之前，諾森伯蘭郡和達勒姆郡正發生著一場
文藝復興變革運動。後來，在 1903 年，類似的聯合行動促使
勞工教育協會也發起了運動，這個協會所設想的目標始終是致
力於公民教育事業的發展，並希望透過大學教育工作者和工人
們共同的努力，透過教育的方式來提高公民的素養。大學輔導
班制度同樣起源於這個協會。這一制度始終將公民的理想當作
基礎，而並不單單是以工人族群獲取知識的決心為基礎，儘管
從中可以很清楚的看出，利用所有可以獲得的知識來滿足自己
的願望，這並不是必須的，沒有它也能夠成為一個好公民，這
種模糊的願望也因此變得毫無意義。有些年輕人，無論男女，
他們決心接受某種技術教育，目的是為了提高自己的生活地位
和社會效用，這種態度是值得稱道的。將他們作為特例排除以
後，很顯然，假如對於教育的訴求無法使受教育者豐富自己的
生活，並透過他們的努力來讓社會生活變得更加豐富，那麼教

育對勞動人民的吸引力就不會具有強烈的效果。這一類情況的證據建立在這樣一個事實的基礎上 —— 在輔導班方面，經過多年的共同努力之後，他們並沒有要求得到承認 —— 實際上在有人主動提供幫助的時候，他們就已經婉言謝絕了，而且他們還自願將自己的力量用來發展公民工作或是為他們所屬的協會、工會工作，同時他們還會在自己所居住的地區展開教育普及工作，這樣的例子非常多。這在很大程度上都歸功於熱情而又潛移默化的教育的作用。就勞動人民來說，這種熱情激發著他們毫無異議的自願接受完整的教育，其中就包括白天自願去繼續教育學校上課。

限制繼續教育學校發展壯大的原因有很多，不過很顯然的是，這些原因至少會被教育工作者和企業老闆們視為非常重要的問題。根據學員在工作時專注於工作的時間，他們會有針對性的加強培訓工作。狹窄的日常消遣活動的範圍，事實上已經完全脫離了見習期的真實意義和意圖。因此，在直接考慮繼續教育學校日常工作的前提下，無論較高的教育水準，還是較完整的課程設置，都有希望擴大公民業餘活動的範圍。

夜校裡的義務教育，除非能夠滿足人們對於某一種純粹的消遣活動的需求，否則就會衰退。這種消遣活動或許可以和自願夜校、繼續教育學校連結在一起，使學生一路沿著學習的軌跡進入成年生活。而且，即使無法讓繼續教育學校中每一位有能力的學生都通過考試，進入大學或技術學院學習，或許人們也可以希望，在大學開設輔導班能夠讓他們獲得學習一些高階課程的機會。未來，其實與現在一樣，只有更大程度的發展，

大學輔導班才會被人們視為大學教學工作中的一個必不可少的部分，為人們學習和公民關係最密切的課程提供機會。

這是勞工教育協會基本原則中的一條，也就是說，每一個人，如果沒有被帶著某種敵意的強大的影響力控制，就應當為回應這一教育呼籲做好準備。的確，協會不要求大家都成為學者，但是協會可以引導大家以理解的眼光去觀察四周純潔美麗的事物。倦怠的男人和女人，如果帶他們去參觀美術館和博物館 —— 就像協會經常做的那樣，或是組織他們遊覽一些風景名勝，在大自然中，他們就會對自己的所見所聞產生愉悅，這樣的活動多了，自然就能陶冶情操，在不知不覺中就能夠變成更好的公民。這些活動的推展幾乎是在無限的程度上進行的，正是透過這種工作的拓展，社會改革的真實目的才有可能以最佳的形式實現。也正是因為利用了這樣一些方法，報刊的品味也才能昇華，電影的水準才能提高，煽動者的努力才會無效。

勞工教育協會建立的基礎是：初級學校的工作，包括行業工會在內的勞動人民社團的工作。在這些社團中能夠獲得和使用民主的方式，這本身就證明了協會對公民的寶貴貢獻，它確定了所有成人教育的民主性質。學生有權利自由的選擇他們想學的東西，在合理需求的範圍內找到適合自己學習的專業，並按照自己的意願度過一生，同時與同伴的需求和抱負保持和諧一致。

在回顧學校和教育機構與公民素養提高的關係時，社會影響的實際情況似乎在每一點上都表現得很含蓄。在任何一種情況下，儘管學校對於時代所起的作用都寄與很大的希望，但學

校總是會受到所處的社會環境的影響 —— 要麼遇到阻礙，要麼得到幫助，這是不容置疑的。作用與反作用的過程顯示了社會與學校之間的關係。德國教育改革家威廉·馮·洪堡（Wilhelm von Humboldt）說過：「我們希望看到被引入國家生活中的事物，不管什麼事物，首先必須被引入學校。」至於其他方面，學生的評價能力也是有必要在學校裡培養的，這能讓他們充分認知到獲得人類福祉需要從事的所有工作。這也是透過教育為公民付出所有努力的關鍵。從長遠來看，除非具備強大的尋求意圖的能力 —— 不是為了個人的利益，而是為了公共利益才加以開發，否則就不會出現更為充分的公民權利。這是教育制度的一項最根本的任務。如果一個人所從事的是不適合他的工作，那麼無論是讀大學還是當礦工，他的內心都會感到願望受挫，無法透過與別人互動來充分展現自己的存在價值。相反，如果一個人從事的是適合自己的工作，他就願意展現自己的能力，高高興興的工作，並不斷努力完善自己的工作，把自己的所有能量全都釋放出來。培訓好公民，結果自然是不可避免的提升整個社會的品格。透過積極而又直接的參與政府的方式來培訓公民，這也許並不是對於公民身分的認可。曾有人在思索工匠的地位時說過：

「他們相信自己的雙手，每一個工匠都聰明的做著自己的工作。沒有他們，這個城市就不會有人居住……是他們讓世界保持著現在的狀態，他們的願望表現在了他們的工作和他們的手藝上。」

時代不同了，人們的需求也隨之改變，對一個公民的考

驗，也許是在擁有優勢地位之後能否保持健康狀態，而不是內心各種欲望的占有程度和滿意程度。「保持世界狀態」絕對不是卑鄙的野心。

如果一個人從事的工作並不適合他，那麼他再要成為一個好公民就會變得非常困難；如果一個人被安排去做低劣的工作或是對社會有害的工作，那麼他就更加難以成為一個好公民。

學校面臨的任務是繁重的，但是學校並不是孤立存在的，在現代國家裡，家庭、教會與學校是天然的盟友。

所有類似的東西都會犯錯誤，但是，假如它們能夠清楚的為自己設立一個目標，然後不遺餘力的幫助所有人釋放自身的能力，以此來實現整個社會的福祉，那麼智慧就會不斷的增長，生活中的悲劇也就可以避免了。

這樣，崇高的理想就能夠展現出來，我們必須保證這些理想會得到普遍的承認；除了需要立即進行的思考，因為這些思考在人們的頭腦中過分膨脹，就會得出錯誤的結論；這往往會讓我們聯想到資金受限，缺少對極為充足的智慧力量的信任。

正是由於一個民族為其最高理想做出了奉獻，真實的城市和真實的國家才能在地球上變成現實，而這個民族奉獻的程度在任何時候、任何地方都能夠決定其公民素養的真實水準，不論其教學手法和培訓方法有多麼先進。

第九章
論文學在教育中的地位

第九章　論文學在教育中的地位

　　對於教育問題，每一個人，或者說至少每一位家長都認為自己是有權發表意見，說出自己的看法的。但是教育論文或教育專家精心思考出來的觀點的人氣卻非常有限的。實際上，教育專家的高談闊論除了在自己的圈子裡有市場以外，圈外的人對他們並沒有多麼大的興趣。即使是一般的教師，也只是偶爾意識到自己置身於這個圈子，通常情況下也不會在意在更廣泛的方面進行教育。毫無疑問，這主要是因為教師在日常的教學活動中「只見樹木，不見森林」，他無法從旁觀者的角度將教育視為一個整體。但是，門外漢的漠不關心卻主要歸結於一個事實，就是教育理論，如同其他一些專門學科一樣，教育也不可避免的要有自己一套的行話，這可以說是一種不可或缺的簡單的表達方式。專家們用起來很方便，但是對非專業人員來說，這些專業術語就顯得太抽象了。

　　教育理論家們的實際想法常常會在教師所使用的專門術語中反映出來，但是理論家們在其抽象的推理過程當中往往看不到學生的個體多樣性，而實際上這又是很必要的。適合甲的未必適合乙，適合甲乙的未必適合丙 —— 我們很容易忽略這一點。可以肯定的是，在討論教育問題的時候，我們必須要正視一點：我們教育的對象是一個個實際的個體。不然的話，那些「年齡在 15 歲的一般學生」非常有可能成為我們想像中的怪物，而我們打算提供給他們的「知識糧食」可能並不適合「這個世界裡的男孩或女孩的口味」，他們無法消化我們建議開設的課程中的內容。

　　思索「文學在教育中的地位」這一問題，我很想結合我接

觸過的一些學生的實際情況，來闡述我的想法。我曾經讀過小學和中學，讀過大學，當過學院導師，當過學校校長，因此我對教育非常熟悉，我了解我自己、了解我的學生，了解各種類型公立學校的學生 —— 我說的是各種類型的公立學校裡的學生。因為儘管從普通角度來說，公立學校的某些表面特徵是很容易就能識別出來，但要是說所有的公立學校的學生在性格和視野方面都十分相像，這種比較流行的看法，其實是一種錯覺。

　　我再一次聲明，當我說到文學的時候，我說的就只是文學，而不是用於任何非科學領域的簡明術語。當今這個社會，各種研究都混雜到了一起，要麼貼著文學的標籤，要麼貼著人文主義的標籤，於是就有許多人自然的將科學和這些研究形成了一種對立；在我看來，從事物的本質上講，這種說法沒有任何根據，也破壞了沒有任何偏見的教育觀點。也許有人認為，文學從字面意義上講只不過是一個名稱罷了，任何借助可以理解的語言表達出來的東西都可以被稱為文學 —— 語言的使用不允許和科學的意思進行比較，但這樣的語言從教育的利益方面來看，也不可能導致任何想法的形成。不過我所要說的「文學」，是大家普遍可以接受的那個沒有任何其他特殊含義的詞語；而且，儘管我承認自己無法給出一個精確的、詳盡的定義，但我仍然願意冒昧的以任何語言形式、從美學價值的角度將文學描述為 —— 思想和情感的表達方式。這樣，文學的題材就只限於經驗；正如愛彌爾‧法蓋[45]在什麼地方曾經說過的，

---

45 愛彌爾‧法蓋（Auguste Émile Faguet，西元 1847 ～ 1916 年），法國作家、

第九章　論文學在教育中的地位

所謂文學，就是「從成千上萬的現實事件中選擇最有意義的，然後進行整理，讓人留下強烈的印象」，愛彌爾·法蓋並沒有聲稱自己發現了什麼。至於文學的音調，它的範圍可以從以賽亞[46]到威徹利[47]，從修昔底德[48]到托爾斯泰；它的形式可以從品達[49]的抒情詩到民歌，從拉辛[50]的詩劇到魯德亞德·吉卜林[51]的詩，從吉朋[52]的《羅馬帝國衰亡史》到希羅多德[53]的《希臘波斯

文藝評論家、教育家、政治思想家。代表作有《19 世紀的政治思想家》、《法國文學史》、《巴爾札克》、《解讀尼采》等。

46 以賽亞（Isaiah），聖經以賽亞書中的主要人物，傳統上認為他是該書的作者。他是西元前 8 世紀的猶太先知。

47 威徹利（William Wycherley，西元 1640 ～ 1716 年），英國劇作家和詩人，主要作品有《鄉下女人》、《光明磊落者》、《森林中的愛情》、《舞蹈大師紳士》。

48 修昔底德（Thucydides，約西元前 460 ～前 396 年），希臘歷史學家，主要作品有《伯羅奔尼撒戰爭史》。

49 品達（Pindar，約西元前 518 ～前 438 年），古希臘抒情詩人。主要作品有《阿波羅讚歌》、《狄俄倪索斯讚歌》、《前奏》、《少女之歌》、《舞曲》、《頌歌》、《輓歌》、《勝利曲》，其中只有《勝利曲》被完整保留了下來。

50 拉辛（Jean Racine，西元 1639 ～ 1699 年），法國劇作家，與高乃依（Pierre Corneille）和莫里哀（Molière）合稱十七世紀最偉大的三位法國劇作家。主要作品有《德巴依特》、《亞歷山大》、《昂朵馬格》、《訟棍》、《巴雅澤》、《米特里達特》、《伊菲萊涅亞》和《費德爾》等。

51 魯德亞德·吉卜林（Joseph Rudyard Kipling，西元 1865 ～ 1936 年），英國作家及詩人。主要著作有兒童故事《叢林奇譚》，小說《基姆》等。1907 年獲得了諾貝爾文學獎。

52 吉朋（Edward Gibbon，西元 1737 ～ 1794 年），英國歷史學家，主要作品有《羅馬帝國衰亡史》的作者。

53 希羅多德（Herodotus，西元前 484 ～前 425 年），古希臘作家，他把旅行中的所聞所見，以及波斯阿契美尼德帝國的歷史記錄下來，著成《歷史》

戰爭》，或者到傅華薩 [54] 的《聞見錄》。沒有哪兩個人能夠同意一條統一的美學價值界線 —— 以此來確定某一給定的思想情感表達的篇章是否屬於文學範疇；但事實上，當我們為學生選擇能夠培養他們文學品味的書籍的時候，這一點就變得不那麼重要了。為了討論文學在教育中的地位和作用問題，我們就必須足夠清楚地了解文學這個詞的一般含義，這一點我在前面已經描述過了。

因為整體上這並不是一本論述教育的冊子，所以簡潔起見，我必須冒點風險，大膽的、武斷的做出一個判斷，即文學學習作為教育的一部分，它的目標應該是以下三點：（一）培養適合文明生活的個性。（二）永久提供純潔的、不可剝奪的樂趣的泉源。（三）讓學生在接受教育過程中獲得即時的樂趣。這三個目標既可以單獨拿出來，同時又不會相互排斥。事實上，我們也不能將這些目標生硬的割裂開。但是，不同目標之間的明顯差異還是需要我們去分別對待的。

（1）幾乎沒有人會否認，文學知識和文學欣賞是完整的教育過程中不可或缺的一部分。文明社會的正式成員一定會贊

一書，成為西方文學史上第一部完整流傳下來的散文作品。在一段時間內他是個說故事者，並口述了不同戰役、歷史及外邦的故事。他遊歷了希臘城邦和參加了主要的宗教和體育活動。在西元前 431 年，雅典和斯巴達間的伯羅奔尼撒戰爭爆發。可能正是這一衝突引發了希羅多德撰寫《歷史》，他在書中強調只有在一個雅典、斯巴達及各城邦聯合了的希臘聯盟的共同努力下，才可制止波斯帝國的擴張。

54 傅華薩（Jean Froissart，約西元 1337 ～ 1405 年），法國作家。作品既包括短抒情詩，也有較長的敘事詩。主要作品有《見聞錄》。

成這句熟悉的名言：「我是人，人性所在，我無例外。(Homo sum；nibil humanum a me alienum puto)」自柏拉圖以來，總有這樣一些思想家，他們出於道德或者政治的考慮，疑惑的估量著文學的力量，但是他們的憂慮卻恰恰證明了文學的力量。由此說來，無論過去還是現在，文學都是人類生活中一個非常重要的部分，如果不能真正的認知到這一點，那麼生活肯定就不會充實。一個人即使沒有任何文學知識和修養，也可能是一個非常偉大的人或者一個非常好的人，無論是和平時期還是戰爭時期，他都有可能為自己的國家和世界做出不朽的貢獻。但隨著世界的不斷向前發展，沒有受過教育的文盲想要成為天才人物的機遇將會越來越少。文學以各種方式 —— 無疑經常用於邪惡的用途 —— 在很大程度上已經成為文明生活的重要組成部分，以至於凡是清醒的頭腦都幾乎不可能不留意文學。而且不管怎麼樣，我們用不著去考慮那種特殊的天才，因為教育是培養不出天才來的 —— 當然也毀滅不了天才，教育在這方面的作用非常小。嚴肅的說，幾乎不可能有人會否認，為了充分而又有智慧的參與文明社會的日常生活 —— 比如戀愛、交朋友、家庭生活、社會生活、學習以及市民的各種行為 —— 具備某種文學修養是絕對必要的。不僅如此，受制於個人素養和社會要求之間的平衡，文學文化越寬廣、越有深度，作為社會成員，他就越有價值。如果說各種形式的社會功能 —— 無論是商務還是休閒，都存在著一種潤滑劑的話，那這種潤滑劑就是同情心，而且我們似乎可以這樣說，足夠量的同情心能夠潤滑文明生活中各種複雜的機制，但是只有依靠廣泛的知識，

也就是在這個世界上被認為最好的、大量的知識，才能讓人擁有同情心。人們的相互交流，以及將上帝理解為我們的天父這一共同認知，更是同情心的強大來源；文學能夠為此提供難以計數的管道，如果缺少這些管道，也許某個個體的同情心會十分強烈和真實生動，但是終究只能被狹隘的限制在一定的範圍內。真實的情況是，僅僅透過書本來了解人類是不可能完全的；不過，自從人類找到了如何讓自己的話語以書面的形式長久的保存下來的方法，人們就越來越真切的意識到，文學是擴大和加深這些知識的主要方法。

文學學習這個目標，也許可以用古羅馬詩人奧維德（Ovid）那優雅而又親切的詩句加以概括，即適應文明生活的個性的形成。奧維德曾經寫道，他幾乎想到了文學所有的一切。然而，在眾多偉大的作家中，他們所缺乏的只是個人素養和社會要求應有的平衡（這一點我剛剛在前面講過），而在眾多的教育者和教育制度中，他們卻忽視了這種平衡，因此，將文學作為教育科目在當事人膚淺的思想中是得不到信任的，而且經常受到輕視。這個世界上所有的好市民或好人 —— 以最好的措辭 —— 絕不能成為文學傾向的奴隸，損害其作為父親、丈夫、朋友、努力工作者、實業家的作用。文字的世界，假如過於專一的生活在其中，那就會變成一個不真實的世界；如果沒有文學，現實世界也幾乎就沒有什麼意義。文學的思想，就像卡萊爾所說的那樣，「豐富了這個世界的血液」。如今，特別容易激動的詩人已經非常普遍的出現在了善良的普通人面前，雖然他們的生活藝術還有各種缺陷。假如他們強烈的願望一直

高於他們那個歲月的標準，那麼他們的社會實踐在個人特質方面，例如廉潔、忠誠和關心他人等等，從本質上說就會一直低於他們願望的標準。此外，他們的人生觀，儘管曾經是那麼的強烈，那麼的鼓舞人心，卻常常帶有某種偏見。即使這樣，我們也無法因此斷定：由於詩人或者哲學家不可能在各個方面「都有造詣」，因此他們的作品就不能對一個人品格的逐步形成有益。假如相信這樣的判斷，我們就必須以同樣的推理放棄那些厭惡人類發明家的發現和犯有重婚罪的化學家的理論。我們求助於柏拉圖和卡圖盧斯 [55]、莎士比亞和雪萊，尋找他們不得不給予的東西：假如我們帶著自己的「寵物」的概念，認為我們想像的就應該如此，我們自然就會感到厭煩，就像赫伯特 · 史賓賽 [56] 厭惡荷馬，托爾斯泰不喜歡莎士比亞一樣。確實，托爾斯泰真的是一個很有說服力的例子。他是一位文學巨匠，他的代表作已經成為經典；無論是從批評的角度還是從讚揚的角度來看，所有的各種不同的判斷都影響不了托爾斯泰在文學界的地位。

也許，除了數量如此眾多的作家之外，缺乏素養且要求應有的平衡的人的名單上，還可以增加一些藝術家的名字，其結果當然會使文學在教育中受到貶低和不信任。這種現象的出現並非沒有道理，從整體上看，表現出了如今英國人的態度和特

---

55 卡圖盧斯（Gaius Valerius Catullus，約西元前 87 ～前 54 年），古羅馬詩人。

56 赫伯特 · 史賓賽（Herbert Spencer，西元 1820 ～ 1903 年），英國著名的唯心主義哲學家、社會學家和教育學家，他為人所共知的就是「社會達爾文主義之父」。

徵。對於表現這一態度更有說服力的、更真實的理由則是，許多教育家和教育制度也忽視了素養與要求之間的平衡。偉大的教育家們很少是那種胸襟狹窄、思想偏執的人；但是他們所創立的教育理念卻總也擺脫不了傳統思想的軌跡。

以鼓舞人心的事物作為開始的新東西，往往會被硬化成一種公式。文藝復興時期的理想到了 18 世紀和 19 世紀，遭受到了非常誇張的諷刺。現代生活的演變，包括城市、印刷機、火藥、蒸汽機等等，被毀壞的已經不僅僅是富人們的需求，即使那些準備用騎士藝術、狩獵藝術、耕種藝術，甚至音樂和設計來培養人才的生活富裕的人們也不例外。這樣一來，男孩子們的身體活動只能退居到遊戲和消遣上。隨著書本越來越多的侵占學生們的時間，學校的老師也越來越不可抗拒的按部就班的照本宣科，習慣於採用正式的、符合文法的教學方法。教育的主要內容其實就是文學，而且是非常高尚的文學，以希臘文學和羅馬文學為代表，但是關於學習文學的興趣或人文興趣，卻很少有人關注。除了少數人能夠越過文學周邊的籬笆以及矯揉造作的技巧之外，大多數人都被蒙蔽，他們無法看到文學的真正意義和精神。

我不知道「死語言」這種表述是什麼時候被發明出來的；但可以肯定的是，長期以來，拉丁語和希臘語一直被大多數教師視為死的語言。作為「現代學科」，歷史、地理、現代語言和文學，逐漸的闖入課程表，而且他們各自也在盡可能的承受著相同的「木乃伊化」。許多教師至今仍然信守這樣一種理論，即一門課程的價值或一種授課方法的價值取決於它所涉及的做

苦工的量，或是由其引發的排斥程度。這種理論由於混淆了紀律和懲罰的概念，它本身就已經帶有了我們所說的基督教的法理學那種強烈的語氣。不管怎麼講，允許自由精神、創新精神、好奇心、趣味的風氣吹進課堂，這的確讓太多的學校校長們變得顧慮重重、小心謹慎。

在某種程度上，由於近些年來所積聚的力量的推動，社會上始終存在著一種自然形成的反叛潮流 —— 反抗清教主義、經院哲學和業餘藝術愛好，這使得公立學校的教育對於大多數學生的知識學習都是失敗的，只有少數的學生能夠倖免，也許他們在出生的時候嘴裡就含著一把通向學問之門的金鑰匙。自然科學就像是某些騷動的搗蛋鬼，他們的闖入也許對我們的人文學科有很大的影響。如果寫不出詩的學生能夠被允許去嗅聞實驗室的某種氣味，那可是向前跨越了一大步；甚至一會弄碎一支試管也比每天打破一次性別規則更具有教育意義。我有很多朋友，他們把自己標榜成人文主義者，對我的觀點產生了恐慌，並且悲哀的將我看成一個叛徒，因為我幾乎將所有的事情都歸功於「古典教育」，隨時（他們認為）都能將「必修的希臘語」出賣給一大群向錢看、缺乏文化修養的人，而這些人會將我們絢麗的學術領域變成攫取經濟效益的工廠。但是，恐懼是一種不牢靠的導向。我在一開始就講到了那種抽象的概括，他們就是這個概念的受害者。參考具體的個性，我檢驗了他們的預感，還有我自己的，我孩子的以及我所了解的幾百名學生的預感。隨著我所研究的精神面貌出現的無窮變化、人類本性的共同血統與將我們連結在一起的文明社會，我越來越清楚地認

知到，文學是教育永恆的、不可迴避的、不可或缺的元素。而且，文學只能透過與其他興趣充分的、不斷的協調，才能在拓展個性方面給學生一個自我施展、自由成長的空間。我和我的孩子，我的學生都長著眼睛、耳朵和手 —— 當然還有腿！正如亞里斯多德看到的那樣，我們渴求知識，這種求知欲儘管可能會遇到阻礙，但卻不是文學這種唯一的食糧能夠滿足的。我們的欲望多種多樣，需要滿足，需要控制。我們擁有就業感和責任感：知道自己和家人必須吃飯才能活下去，才能延續我們的種族。有些人 —— 要麼是帶著有色眼鏡的學究，要麼是傲慢的高層人士，他們嘲弄我們沒有文化修養、平庸、追求商業精神、熱愛體育活動、崇尚物質主義，但是我會以無聲的方式對這些嘲弄表示怨恨。顯然，他們已經忘記了希臘文學的完整意圖，對於希臘文學這一名稱，他們所表現出來的是極大的不尊敬。不！文學就是從成千上萬的現實事件中選擇最有意義的事件進行編輯；但是，如果我們的目光被遮住，看不到所有喚起文學的「事物」，那麼對許多人來說，文學就只是「由傻瓜講述的一個故事，充斥著喧鬧和憤怒，毫無意義」，因為他們的教育才是名義上的文學，因此很顯然就變成了現在這個樣子。

（2）爭論在不知不覺中引導我們去含蓄的對待第二個，實際上還包括第三個我們所假定的對象。那就是，在現代，對社會關係以及公民身分的堅持 —— 非常適當的堅持，由於人們的自私自利和偏見，已經變得很反常，並因此在前進的道路上受到了阻礙。從真正意義上說，當我們處於休閒和獨處時，很多有意識的存在便已經過去了，這真的是非常危險的一件事。

第九章　論文學在教育中的地位

一方面，我們的理想是「取悅每一個人，讓自己八面玲瓏」，但是，達到或接近這一理想的任何途徑，就像我們所看到的那樣，需要根植於文學和自己的同情心；另一方面，假如我們沒有在自己的「生命之屋」中設置活動大廳、通道和等候室，就無法得到完整的配備，更不必說擁有一個生命的「娛樂室」了。沒有哪種儲備能夠像文學那麼充足，那麼持久，每個人都可以得到——不管是有錢人還是窮人，而且馬上就能讓人變得成熟，變得有力量。我們的頭腦能夠自由的依照自己的習慣去選擇想要的事物，我們的幸福或者不滿在很大程度上都取決於自己的思想狀態，而不是其他什麼東西；而且，由於思想是在瞬間產生的，即使是最忙碌的人，除非有著精神上的財富，能夠隨意從中提取各種新舊知識，那他所擁有的自由，會遠遠超過了如何處理的事物的瑣事。誇大一個人生活中的諸多嗜好有多麼重要——當然間接的還有他與其他人的關係；單一的嗜好是非常危險的，要麼將人引向死亡，要麼主宰你的生活；你需要至少兩種穩定的嗜好。也許你會說，有什麼嗜好取決於個人的性情和愛的傾向。沒錯，但是作為教育者，我們主要的職責在於修正「樹枝的彎曲」。那麼多男人和女人都找不到什麼合適的活動，來打發茶餘飯後的消遣時光，能夠讓他們產生愉悅感覺的，也只是說說小道傳聞、發發牢騷或抱怨罷了，要麼就是長時間的打牌。我認為這些現象的產生，不是性情，也不是命運。家長或老師能夠給予孩子或學生的最大祝福也許就是在他們尋找和發展業餘愛好的時候提醒一下——要小心謹慎，不要自命不凡，不要屈尊俯就，不要指望別人的贊助，以

此鼓勵孩子和引導孩子。如果讓我對有需求的人提什麼建議，我倒想大膽的說：「努力讓每個人在成長階段至少養成兩個嗜好；無論其中的一個是什麼，另外一個都應是文學愛好，或者是文學的某一個分支。」

> 夢，書，
> 屬於不同的世界；
> 但我們知道，
> 書中有更為廣泛的世界，
> 既純潔又美好；
> 與書相伴，
> 我們的樂趣和幸福感與日俱增。

（3）此時此刻，在我的想像中，有某一個人，他能夠從男人或女人的素養方面來認識文學、文化的重要性，或許還能更強烈的感覺到華茲渥斯詩行中總結出來的真理，能夠對這些目標 —— 至少是第二個目標是否可獲得預期效果表示懷疑；或者，這些目標反而可能會因此而受到阻止，文學學習的本身在進入學校課程的時候得不到允許。這些懷疑不容忽視，因為我已經聽到過很多文學愛好者這樣說過，其中最突出的當屬已故的卡農·安格[57]。在我看來，只有清楚地保持第三個目標，這個問題才能夠得到徹底的解決。針對這一目標 —— 讓學生立刻產生樂趣，我們可以將文學學習假定為教育的一個分支。我

---

[57] 卡農·安格（Canon Alfred Ainger，西元 1837～1904 年），英國傳記作家、文藝評論家。主要作品有《喬治·克雷布傳》、《湯瑪斯·胡德傳》、《查爾斯·蘭姆傳》和編輯注釋了 6 部查爾斯·蘭姆（Charles Lamb）的作品集等。

們已經討論過的兩個目標都是隱祕的，應當是教師基本信仰的一部分；儘管教師與學生保持著接觸，而且他們也許沒有受到應有的重視，但實際上正是由於他們熱情洋溢的解說，才讓學生相信文學學習是這個世界上最愉快的事情。我們都知道，或者說應該知道，不管是哪一門課程，這是最佳的教學態度，也是唯一的一種態度。要想成為一名合格的教師，需要付出極大的努力，光有熱情是遠遠不夠的；成功的為學生準備任何類型的書面考試是很容易的，用不著什麼熱情，只需要出題就可以了。但是，除了填鴨式教學之外，一個了無趣味的教師不可避免的會成為一個讓學生厭煩的人；一個熱情的教師或許並不能很好的將自己的熱情傳遞給他的學生，但可以肯定的是，如果缺少了熱情，你就無法將你的熱情展現出來。

這種熱情是最佳教學所不可或缺的，從能夠勝任文學教育這一角度看，這種熱情無疑是更加重要的。一方面，研究的隱祕對象往往具有無法觸摸、無法感知或者無法理解的性質，它的重要性我已經在前面指出。我懷疑課程表中是否存在這樣的課程，它很難透過簡單的功利主義的動機推薦給那些對這種課程不感興趣的學生。另一方面，對文學的依戀，尤其是對詩歌的依戀，肯定會迷惑學生，因為詩歌是文學中的精華，其中充滿了尋歡作樂的態度、假日的氣氛、無責任感的姿態以及脫離了平凡世界的世俗品味，否則與足球或曲棍球等運動相比，學習本身似乎就成了一種可憐的愚弄。如果教師的態度能夠反映出拉丁語法教學中一個古老的問題 —— 「我為什麼應該教字母？」那麼他最好還是轉向其他一些課程 —— 一些讓學生覺得

更容易，更適合在學校學習的課程。

（特洛伊王之妻）赫卡柏對他來說是什麼，
或者他對赫卡柏來說是什麼，
他應該為她哭泣——
除非他其實是一個參加牛津大學入學考試的考生？

「啊，這正是我所期待的」，針對這個問題，我的朋友說道：「你這種文學課程只不過是一種遊戲，對現代的年輕人來說，這是一種很輕率的選擇，他們可經不起拉丁散文與幾何應用習題的爭鬥。」耐心點，我的朋友！真實情況是，古典文學和數學這兩個教育的雙引擎得到了改裝，一部分原因是長期實踐的結果，但是我覺得還有另一部分原因，那是由這兩門課程的性質決定的，其目的是訓練學生在思想意識方面培養誠實、精確、勤勉和堅持不懈的學術習慣。確實，儘管付出了很大的代價，有些學生還是在很多不同教師的掌控下，完成了部分訓練！確實，普通課程比其他所有的課程更容易出現無事可做、不真實、虛假藉口等危險，這是非常明顯的。例如，在課堂上玩試管、描地圖、翻歷史筆記等各種現象，很容易就可以觀察到，因此這些課程常常會受到人們的嘲諷。但是，首先，假如某個目標是值得我們去努力獲取的，那我們的職責就是面對前進道路上所遇到的危險，而不是放棄這個目標。如果知識、對文學的愛是孩子與生俱來的權利，而且從目前的情況來看，很多學生離開學校以後很可能就無法獲得這部分知識了，那麼教師就必須努力向學生傳授文學知識，儘管在文法學者和幾何學

者看來，這個過程似乎是無聊的，而且還會令他們惱怒。其次，對於文學學習 —— 甚至是母語文學來說，認為它不可能既是一種培養，又是一種樂趣的觀點，其實也是不真實的。學習與樂趣遠遠談不上互不相容：實際上，這種訓練是最有效的，幾乎可以在不知不覺間，讓學生自願的以一種愉快的心情來鍛鍊和增強自己的能力。真正的足球運動員和真正的學者都認同莎士比亞《暴風雨》中的情人斐迪南所說的話：

「有些遊樂才讓人感到吃力呢，可越是費勁，對它的興趣就越濃。」

男孩也好，女孩也罷，如果他們真的能夠全神貫注的研究莎士比亞戲劇，或者努力的以適宜的語言形式來表達不斷獲得的美感，那麼所謂的「辛苦」就不算是真正的精神上的磨練，因為在辛勤學習過程中所感覺到的並不是痛苦，而是興趣和快樂。

幸運的是，我的工作不需要竭力的去指導教師如何透過各種方法培養學生對於知識和文學的愛好。但在很大程度上，文學學習在教育中的價值恰恰取決於它所追求的精神，請允許我從實際的角度對這個主題多說幾句。我已經重複說明了這種自明之理，即沒有熱情的人不可能傳達熱情；即使是一個文學愛好者，他們有時候也會缺乏那種清楚的目標意識，不能懷著同情心去理解學生的個性，而這兩點恰恰又是成功教學的必要條件。正如那些聰明的年輕大學畢業生一樣，他們往往會情不自禁的向課堂上的學生口述，自己的歷史課筆記如何絕妙，考古學或哲學方面有了哪些最新理論，這些都讓新生們感到困

惑。因此，文學課教師經常會向學生炫耀華麗的，但卻會讓人感到莫名其妙的評論，或者過度的向學生講述文學史，或者任性的依照自己的喜好強行向學生安排並不合適的文學閱讀書目── 其實這些書只適合他那已經比較成熟的品味。人們不會否認，這種錯誤是有可能出現的；如果我不是意識到自己同樣也會犯下這種錯誤，我也不敢如此斷言。對教師來說，唯一的保護措施就是大家熟知的帶有雙重意義的「一直盯住你的目標」這句話。我們必須對自己的目標有一個明確的概念，另外還要帶著真實的感情去同情我們的學生。我已經努力的指明了目標，即文明生活和精神享受所需要的素養。這一目標不僅會得到學生們的贊同，而且還能在許多方面對我們的教學方法和教學內容發揮支配作用。在教育的初期階段，如果學生家長也喜歡文學，我們通常就能夠聽到他們贊同的聲音，或者在教師身上也能夠表現出這樣的同情心，他們一般都擁有比較和諧的個性。一般說來，為小學生提供的故事和詩歌，也應該按照適宜性去為學生選擇。聲音和耳朵在接收文學印象方面的重要性已經得到了承認；學生表達自己的想像和對節奏韻律的感受的價值也得到了理解。或許，出乎一位作者的料想，更多的教師會很痛快的購買他所寫的《文學評論基礎》，並贊成這本小冊子中提出的信念。

當我們進入中間階段，至少是男孩子的少年時期 ── 至於女校，我不了解情況，因此沒有資格說什麼 ── 正是這一時期，在培養學生文學愛好以及所有與文學學習有關的知識之前，還有很多需要做的事情，這些事情都應該繼續做下去，以

第九章　論文學在教育中的地位

便獲得良好的教學效果。過去，只有少數人能夠全神貫注的學習。拉丁語和希臘古典文學不僅能夠很好的激發人們的靈感，也是其他科目無與倫比的培養文學品味的科目。但值得注意的是，如果真正的、熱情的愛好文學，就會讓文學四處播撒神聖的火種——「享受文學在平民中廣泛傳播的過程」。但是我們能夠獲得並保留下來的文學作品實在是太少了，即使文學的精華也是如此。考慮到英國那些古老的大學和公立中學都在努力的研究古典文學，並在有把握的情況下對風格和文學進行批評，他們在學術研究上獲得的卓越成果，使人們不禁對各階層人士較低的文學水準和文化標準感到吃驚，因為菁英畢竟是要從這群人中選拔的。布拉德利[58]，或是維羅爾[59]，或是默里[60]等古典學者，他們顯然非常渴望能夠將古典文化的花朵植入現代文學學習的田野中去，但是如今具有這種願望和力量的人是多麼的稀少啊！還有，儘管還有少數的普通古典文學教師在努力的培養學生去欣賞英國的文學，但是人數畢竟還是太少了，而且方法也有些笨拙。

近年來，一批新型的文學教師已經嶄露頭角，不管怎樣，坦率的講，他們對古典文學的訓練幾乎從不買帳，儘管他們通

---

58 布拉德利（Andrew Cecil Bradley，西元 1851～1935 年），英國作家，文學學者。代表作《記憶中的丁尼生》、《莎士比亞作品研究》等。

59 維羅爾（Arthur Woollgar Verrall，西元 1851～1912 年），英國文學家、古典學者、古希臘戲劇作品翻譯家。受教於劍橋大學三一學院。

60 默里（George Murray，西元 1866～1957 年），英國古典學者、公共知識分子。博學多才，古希臘語言和文化方面的傑出學者。古希臘文學和戲劇作品的翻譯家。

常都擁有狂放的、「與知識並不相一致」的熱忱，但是在他們身上，卻呈現出了學校文學課程未來的希望。他們對自己的工作投入了極大的熱情，而在「宏偉的古老的文科課程裡」，通常是缺乏這種熱情的；我們可以對未來寄予希望，隨著這些學科越來越受重視，他們就能夠獲得一種方法，利用這種方法就可以在古典文學教學中選用所有有價值的資料，還可以大量的廢棄那些狹隘而又迂腐的課程內容。正如許多人已經做的那樣，他們也許都特別留意到了，無論多麼不知不覺，古典文學教師都信守著這樣的格言，即為了進入文學的精神世界，為了欣賞文學作品的風格，為了從真實的意義上去理解偉大作家的深刻思想，僅僅讓學生去聽、去讀，然後根據所見所聞寫出一篇短文，是根本不夠的。學生們必須有所創造，必須鍛鍊自己運用兼具了創造性、模仿性和藝術性的能力，至少在學生的青少年時期，這都是我們獲得進步的最重要的原動力。這個時候，他們或許還不具備對文學大師的詩篇和散文的辨別、欣賞能力，甚至不能持續的享受閱讀帶來的快感並樂在其中，但是他們在用稚嫩的文筆努力的學習寫詩、寫故事和寫散文的過程中，表現出的強烈興趣，還是深深打動了我 —— 沒有什麼比這更能讓我留下深刻的印象了。我非常清楚的知道，正是用拉丁語寫詩讓我學會了如何欣賞古羅馬詩人維吉爾的詩，正是青少年時期學寫敘事詩引導我了解了米爾頓的作品。不過這其中有一個順序的問題，我們這些當校長卻往往忽略了這個問題 —— 沒等小學生獲得初步的、最富有成效的體驗，就期待著他們能夠欣賞我們所認為的那些優秀的文學作品，這種體驗只能透過掌

握某些技巧才能夠獲得。創造性的、模仿性的衝動在絕大多數人的身上會逐漸消失，我們卻不能再繼續要求成熟的學生精確的寫出正式「作文」，這是在犯錯誤，因為他們已經不再覺得作文會拖累他們的進步，他們會看到已經展開的宏大的知識願景，並懂得如何欣賞和鑑別。我們的目標並不是增加作家的數量，因為這個族群已經足夠龐大的了，我們是要增加讀者的數量，這個族群人數再多也永遠不會顯得龐大，我們還要提高文學品味的標準，並藉此向社會傳播純粹的精神享受和它所有的益處 —— 樂趣，我們要將它的樂趣帶給社會。在這個目標的激勵下，人們的同情心和良善之心會慢慢滋長，這讓我們克服困難，避開陷阱，擺脫各種不利因素的困擾；進而盡最大的努力，做好文學這門最必要的、最令人愉快的但又最難以捉摸的、最無法衡量的課程。

第十章
論人生之遠景

第十章　論人生之遠景

「如果你與一個真正有才能的人展開真誠的交談，不論你多麼敬佩他，他始終都會覺得自己還遠遠沒有實現心中的目標。那個更為美好與漂浮的理想，難道不是造物者許下的永恆諾言？」愛默生這樣說。

一個人自由的徜徉於理想之中，這是一種榮耀與極大的特權。我們每個人都有屬於自己的理想。這個理想可能通往山頂，讓人超脫於現實的桎梏，也可能是一個毫無價值與低俗的理想，讓人停滯不前，墜向不可知的深淵。「人之所想，人之所為。」

迪恩‧法拉爾 [61] 說：「如果我們能看到未來的顏色，那麼，我們現在就必須要看到。如果我們想注視命運的星辰，就必須要在自己的心中找尋。」

約翰‧米爾頓在兒時就夢想著有朝一日可以寫就一篇史詩般的詩歌，不被滾滾的歲月所湮沒。兒時這個虛無縹緲的夢想，在青年時期已經變得堅不可摧。他透過學習、旅行，走過了艱難的歲月，直至成年。這個人生的遠景始終留在他的心坎裡。耄耋之年，雙眼失明，詩人終於實現了自己兒時的夢想。洋溢著英雄氣概的詩歌《失樂園》，穿過了漫漫歲月的洪流，至今仍為人們傳誦。「仍舊指引著最高的夢想」，這位不朽的詩人在淺唱低吟著。正是這個夢想，讓他超越了布滿陰翳的生活。

愛默生 [62] 在給年輕人建議時這樣說：「心中要有一顆指引的

---

61 迪恩‧法拉爾（Dean Farrar，西元 1831 ～ 1895 年），英國著名牧師。

62 愛默生（Ralph Waldo Emerson，西元 1803 ～ 1882 年），美國思想家、文學家、詩人。

星星。」他並不是說，我們要將目標定得太高，以致成為水中月、鏡中花。我們要將理想看作一顆星星，時刻在寂寥的晨空中熠熠閃光，讓我們不斷前進，昇華我們的品行。當我們撇開所有物質上的追求，或是世人眼中成功的所謂標準，我們的第一個理想就要擁有高尚的品格，讓不斷追求完美的神性駐足間。他發出神諭：你要追求完美，因為在天國的天父也是完美的。只有理想的品格才能收穫真正的成功，而不論從事什麼追求。曾有人說：「心中要有不息的理想之火，並非一定要成為一名著名的律師、醫生、商人、科學家、製造商或是學者，而是要成為一個好人，做最好的自己。」我們的理想、我們的希冀，就是我們未來命運的預言者。

嚮往光明的善男信女們，長存著希望。這種向上的熱情就好像一些樹，有著對陽光天生不可遏制的渴求，讓它們衝破層層阻礙，勇往向前，以一種迂迴的方式漸次上升，繞開一切阻礙，向上爬呀爬，最終到達頂端，俯視著整片森林，仰起驕傲的頭顱，在清新的空氣中，沐浴著陽光，愜意的搖擺。

崇高的理想與果敢的決定是推動世界前進的重要動力。若是沒有了理想與果敢，到哪裡去找偉大的藝術家、傑出的詩人、音樂家、雕刻家、發明家或是科學家呢？諸如南丁格

爾 [63]、李文斯頓 [64]、莫德‧巴靈頓‧布斯 [65] 或是喬治‧穆勒 [66] 等將畢生精力奉獻給人類的博愛者將難以尋覓。

崇高理想之人是人類前進的守護者。他們不畏艱險，彎著腰，不顧額前的汗水淋漓，一代一代的前赴後繼，將荊棘劈開，鋪就一條康莊大道，讓歷史進步的車輪飛速奔跑。

理想主義者是充滿想像力、富於希望的，洋溢著生氣與能量的。他能看到未來的願景，勇於夢想，生活在一個充滿希望、幸福的世界，不斷散發著活力。正是他們，讓煤炭為人類服務。

對於理想主義者而言，他們就好像「大西洋沖刷海岸時所散發出的泰然與從容」，讓平淡的生活漾起波瀾的，正是背後那股「潛藏的力量」。

埋掉一塊卵石，它將永遠的遵循萬有引力定律了。埋下一顆橡實，它將遵循一種向上的法則，不斷的向天進發。橡實裡潛藏的能量戰勝了地球的誘惑。所有的動植物都有一種向上跳躍與攀爬的趨向。大自然向所有存在之物的耳旁低聲細語：嘿，記得向上啊！而作為萬物之靈的人類，更應有一種「欲與天比高」的氣概。

---

63 南丁格爾（Florence Nightingales，西元 1820 ～ 1910 年），世界上第一個真正的女護士，開創了護理事業。

64 李文斯頓（David Livingstons，西元 1813 ～ 1873 年），蘇格蘭公理會的先驅者。

65 莫德‧巴靈頓‧布斯（Maud Ballington Booths，西元 1865 ～ 1948 年），美國救濟會領袖，創辦了全美志願者機構。

66 喬治‧穆勒（George Muller，西元 1805 ～ 1898 年），基督教福音主義者。

　　卡萊爾[67]說：「可憐的亞當所希冀的，並不是品嘗美味的食物，而是去做高尚與富於價值的事情，以一個上帝子民的名義實現自己的潛能。指引他如何去做吧，最讓人煩悶無聊的工作，都將燃起團團熱情之火。」

　　菲利普斯・布魯克斯[68]說：「悲傷是難以避免的。當我們全然滿足於自己的所處的生活、自己所做的行為、自己所想所思；當我們不再需要時刻在靈魂的大門上敲打，驅使我們為著自身更為高遠的目標奮鬥時，原因很簡單，我們是上帝的孩子。真正理想的生活在於一種圓滿，瀰漫於生活的每個角落。在事物的表象之下，仍能感受到應有的跳躍。」

　　喬治・艾略特[69]說：「當我們充實的活著，是不可能放棄對生活的盼望或是許願的。生活中總有一些讓我們覺得美好與善良的東西，值得我們為之追尋。」

　　「人們永遠也難以達到心中理想的標準，」瑪格麗・富勒[70]說：「正是不朽的精神讓這個理想的標竿越來越高，讓我們不斷的前進，直至浩渺的未知遠方。」

　　理想是激勵我們前進不竭的泉源。沒有了理想，任何方向的前進都變得不可能，反而帶來深深的失落之感。有人說，世

---

67 卡萊爾（Thomas Carlyle，西元 1795 ～ 1881 年），蘇格蘭散文家和歷史學家。

68 菲利普斯・布魯克斯（Phillips Brooks，西元 1835 ～ 1893 年），美國教士與作家。

69 喬治・艾略特（George Eliot，西元 1819 ～ 1880 年），英國作家。

70 瑪格麗・富勒（Margaret Fuller Ossoli，西元 1810 ～ 1850 年），美國記者、評論家。

上唯一讓人難以原諒的懦夫行為，就是放棄努力。讓自己時刻冥想，而不親自努力去嘗試。讓我們以一種盡善盡美的態度營造我們的靈魂的寢室，仔細的做好計畫，有序的實現心中的理想。

我們切不可誤認為，真正實現理想的人生，只是屬於那些在世上成就了驚天動地偉業的人。一位女裁縫從早到晚在穿針引線，以自己的努力養活家庭，貧窮的補鞋匠坐在長凳上認真忙碌著。與那些偉人相比，他們也是在真切的實現著自己的理想。

老奧利弗·溫德爾·霍姆斯[71]說：「一個人所處的位置並不是最重要的，他所前進的方向才是最緊要的。」這就是我們所要為之苦苦追求的理想。真正構成你生活基調的，並不是你所做的工作，而是你所具有的精神狀態。不論你的工作或是地位是否卑微，你仍可做到最好的自己。

從一開始，我們就該認真的捫心自問：我們的理想是什麼呢？我們的步伐指引到何處呢？一個低俗與志趣不高的目標，只能獵取一個「生活中尚值得尊重的位置」。

每個人的靈魂之中隱藏著上帝的某些理想。在生活的某個時段，我們每個人都會感受到一種震顫，一種對美好行為的嚮往。生命最為高尚的清泉，隱逸於做到最好衝動的背後。

也許，在今日的美國，最為時尚、最為流行的字眼，非

---

71 老奧利弗·溫德爾·霍姆斯（Oliver Wendell Holmes，西元 1809 ～ 1894 年），美國作家、演說家。

「成功」二字莫屬。這兩個字充斥著所有的新聞報紙與雜誌，讓社會各個階層的人為之狂熱——這兩個字讓人們鋌而走險，將所有的不良行為歸咎於此。美國的孩子從小就接受這種教育，對「成功」更是到達了頂禮膜拜的地步。成功是人們生活中「一切的一切」。在這個詞下面，掩藏著許多人類的罪惡。許多美國年輕人學習的楷模，就是那些身無分文隻身到芝加哥、紐約或是波士頓這樣的大城市闖蕩的人，來時口袋空空如也，死時腰纏萬貫。年輕人將這些人視為成功的榜樣，但是，為什麼不呢？他們看到這個世界都是圍繞著金錢而轉，而對他們做什麼或如何獲取金錢一概不管。一個人在死時，倘能留下百萬家財，不管他生前是如何賺取，如何揮霍或是如何積攢，也沒人會去問一句，這個人是否富於才華，視野廣闊，品格是否高尚抑或狹隘、卑鄙甚至邪惡；人們仍會將他的一生歸結為成功。不論此人生前是否想方設法壓榨員工，讓自己的財富建立在別人貧窮的基礎之上；不論他是否覬覦鄰居每寸土地，千方百計的弄到手；不論他的孩子在心智上、道德上存在嚴重缺陷，讓自己的家庭遭殃；假如他能留下百萬家財，人們仍會將他的人生視為一種充滿勝利的人生。這種在民間傳揚的成功哲學，讓那些牙牙學語的孩子們耳濡目染，也就不足為奇了。

千萬不要教會年輕人將成功視為獲取財富或地位視為幸福生活的唯一條件。

許許多多的善良的男女，他們原本想致力於服務他人，努力幫助老弱病殘，但在現實生活中，他們卻沒有機會讓自己接受教育或是變得富有。其實，即使他們按照世間成功的標準成

功了，也是難以保證就可高枕無憂了。許多窮苦的女人，在病房裡度過人生或是做著卑微的工作，但她們所達到的成功，遠比一些百萬富翁更為高尚。

不要嘗試去追尋難以企及的目標。努力去發展自己，這是在你能力範圍之內的，但是沒有必要強求自己去做自身辦不到的事情。許多人都會有被這樣的幻覺迷惑的經歷，將目標定在自己能力範圍之外，完全超出了自身執行力之外。你可能對於自身才華或是能力充滿信心，但一個前提就是要有寬廣的自我教育基礎。

一些年輕的男女初涉社會之時，將理想中的成功僅限於財富的累積或是做一些讓人們為之鼓掌的事情。這是讓人倍感遺憾的。因為，按照這種標準行事，許多人必將是生活的失敗者。

後生之輩，若能與品格高尚者多加接觸，耳濡目染，亦能受益匪淺。父母、朋友、老師不僅是孩子們模仿的對象，更會對他們形成高尚的理想產生重要的作用。他們可向孩子們推薦優秀的文學著作，以一種凡事做到最好的熱情來激勵他們。家長與老師在引導年輕人樹立遠大志向上，具有難以估量的作用。

無論怎樣，朋友、夥伴與榜樣的作用是強大的！誠然，我們所交的朋友受環境所制約。因此，我們在自己能力範圍之內，小心擇友。

據說，杜格爾德‧斯圖爾特[72]將愛的美德灌輸給了幾代的學生。已故的一位爵士曾說：「對我來說，他的演講就好像打開了通往天國的大門。我感覺自己擁有了一個靈魂。他那深遠的見解緩緩流淌於充滿睿智的句子之中，將我帶到了一個更為高遠的世界，全然改變了我的習性。」

每個學生不大可能去挑選自己喜歡的老師，但是每個有靈性的學生，都是可以選擇與自己志趣相投的人互動。

一個人的理想或是生活方式，是一根牢牢標記一個人視野的繩索。只要理想與生活方式不發生變化，一個人的心智或是生活就不會有多大的波瀾。伊莉莎白‧斯圖爾特‧菲爾普斯[73]在著作《艾里斯的故事》中寫到一個人對「杯形糕餅有著強烈的興趣」。她想讓所有認識她的人都有一種著迷的感覺，地面上鋪就的辮子形的地毯也是她的一個理想。她做好家務，而在閒暇時間裡，則是專心於用各種顏色去將各式各樣的鳥類或是動物，甚至是將一些根本不存在的動物繡在地毯之上。她沒有時間閱讀，參與丈夫與孩子們的消遣與遊戲，也沒有時間去感受時代變遷的脈搏。她的人生，正如其理想一樣，相對而言是微不足道的、狹窄的，沒有為孩子留下一個好的榜樣，沒有給丈夫一個好的陪伴，以及為自己的發展提供空間。

沒有遠大的志向，我們就像老鷹難以展翅。我們應該展翅

---

72 杜格爾德‧斯圖爾特（Dugald Stewart，西元 1753 ～ 1828 年），蘇格蘭哲學家。

73 伊莉莎白‧斯圖爾特‧菲爾普斯（Elizabeth Stuart Phelps，西元 1844 ～ 1911 年），美國自傳作家。

第十章 論人生之遠景

翱翔，志向就是讓我們「乘風破浪，雲遊四方」的雙翅。沒有理想，我們只能在低空盤旋。一位博士曾說，達爾文關於老鷹翅膀進化的過程是富於建設性的。老鷹向下俯衝的欲望在有翅膀之前就有了。經過漫長歲月的演進與適應自然，最後擁有了一對強有力的翅膀，雙翅展開，足有 7 尺之長，讓牠隨心所欲的向天際翱翔。這帶給我們的教益，就是每一個有意義的試驗與進取意圖都是前進的一部分。每次嘗試都讓老鷹的翅膀更為堅韌。

若是失去了對卓越的追求，最高尚的品格都會逐漸墮落。因為，這是所有品格的支柱。對卓越的渴求是上帝的聲音，催促我們不斷完善自己，唯恐我們忘記了上帝的恩賜，再度淪落入野蠻的狀態。這一原則是人類不斷進步的重要推動者，上帝的聲音響徹於人的肺腑之間。正是這種聲音在我們每次行為中，輕輕呼喚出「對」與「錯」。當造物者按照自身的影像塑造我們時，我們最高的理想亦不過是上帝賜予的這份禮物。

喬治·A·戈登[74]說過：「良好的品行可能會受環境的影響。但是良好品格本身是不會從遺傳中獲得的。這是以每個人行為的一針一線編織的美麗的織物，以期望與祈禱來構築。理想的願景，果敢為人，希冀與人能有一個更為公正的關係，能與上帝愉悅的交流。正是這些特質，讓到處充滿稜角的社會散發出金子般的光彩。這與我們忠誠與遠大的志向是分不開的。」

讓自己的人生按照一個完美或是殘缺的模子去塑造，這完

---

74 喬治·A·戈登（Rev George A. Gorden，西元 1806～1867 年），美國演說家。

全取決於你。若你聰明的做出抉擇，然後堅貞不渝，你將成為
一個高尚的人。

官網

國家圖書館出版品預行編目資料

牛津大學副校長喬治‧戈登論人才培育：推理
能力、文學素養、品格塑造、人生遠景，英國
文學家論大學教育 / [英] 喬治‧戈登（George
Stuart Gordon） 著,宋孚紅 譯 . -- 第一版 . --
臺北市：崧燁文化事業有限公司 , 2023.01
面； 公分
POD 版
譯自：George Stuart Gordon on education
ISBN 978-626-332-981-2(平裝)
1.CST: 高等教育 2.CST: 教育理論
525.1 111019841

牛津大學副校長喬治 ‧ 戈登論人才培育：推理能力、文學素養、品格塑造、人生遠景，英國文學家論大學教育

臉書

作　　著：[英] 喬治‧戈登（George Stuart Gordon）

翻　　譯：宋孚紅

發 行 人：黃振庭

出 版 者：崧燁文化事業有限公司

發 行 者：崧燁文化事業有限公司

E-mail：sonbookservice@gmail.com

粉 絲 頁：https://www.facebook.com/sonbookss/

網　　址：https://sonbook.net/

地　　址：台北市中正區重慶南路一段六十一號八樓 815 室

Rm. 815, 8F., No.61, Sec. 1, Chongqing S. Rd., Zhongzheng Dist., Taipei City 100, Taiwan

電　　話：(02)2370-3310　　傳　　真：(02) 2388-1990

印　　刷：京峯彩色印刷有限公司（京峰數位）

律師顧問：廣華律師事務所 張珮琦律師

-版權聲明

定　　價：280 元

發行日期：2023 年 01 月第一版

◎本書以 POD 印製